RUDOLF STEINER

ARCHITEKTUR, PLASTIK UND MALEREI DES ERSTEN GOETHEANUM

RUDOLF STEINER

Architektur, Plastik und Malerei des Ersten Goetheanum

Drei Vorträge, gehalten in Dornach
am 23., 24. und 25. Januar 1920

1972

RUDOLF STEINER VERLAG
DORNACH / SCHWEIZ

Nach vom Vortragenden durchgesehenen Nachschriften
herausgegeben von der Rudolf Steiner-Nachlaßverwaltung

Die Herausgabe besorgten Ernst und Magdalena Weidmann

EINZELAUSGABE
1. Auflage Dornach 1972

Vorabdruck aus Bibliographie-Nr. 289
der Rudolf Steiner Gesamtausgabe

Printed in Switzerland by Buchdruckerei Meier & Cie., Schaffhausen

ISBN 3-7274-5113-0

ALS MANUSKRIPT GEDRUCKT

Über den Charakter dieser Privatdrucke äußert sich Rudolf Steiner in seiner Selbstbiographie „Mein Lebensgang" (35. und 36. Kapitel, März 1925) folgendermaßen:

„Als mündliche, nicht zum Druck bestimmte Mitteilungen waren die Inhalte dieser Drucke gemeint . . .

Es ist nirgends auch nur in geringstem Maße etwas gesagt, was nicht reinstes Ergebnis der sich aufbauenden Anthroposophie wäre . . . Wer diese Privatdrucke liest, kann sie im vollsten Sinne eben als das nehmen, was Anthroposophie zu sagen hat. Deshalb konnte ja auch ohne Bedenken . . . von der Einrichtung abgegangen werden, diese Drucke nur im Kreise der Mitgliedschaft zu verbreiten. Es wird eben nur hingenommen werden müssen, daß in den von mir nicht nachgesehenen Vorlagen sich Fehlerhaftes findet.

Ein Urteil über den Inhalt eines solchen Privatdruckes wird ja allerdings nur demjenigen zugestanden werden können, der kennt, was als Urteils-Voraussetzung angenommen wird. Und das ist für die allermeisten dieser Drucke *mindestens* die anthroposophische Erkenntnis des Menschen, des Kosmos, insofern sein Wesen in der Anthroposophie dargestellt wird, und dessen, was als ‚anthroposophische Geschichte' in den Mitteilungen aus der Geist-Welt sich findet."

INHALT

VORBEMERKUNG

Diese bisher unveröffentlichten Vorträge ergänzen in vieler Hinsicht den Berner Lichtbildervortrag vom 29. Juni 1921, der im Band „Der Baugedanke des Goetheanum" (Stuttgart 1958, Verlag Freies Geistesleben) in zweiter Auflage vorliegt. Was dort in einem einzigen Vortrage zusammengefaßt ist, wird hier in drei Vorträgen ausgeführt.

Der erste Vortrag bietet grundlegende Orientierungen für die Kunst der Zukunft. Es ist übrigens der erste einer Reihe von Lichtbildervorträgen, in denen Rudolf Steiner die künstlerischen Intentionen des Baues und die Anwendung des Metamorphosenprinzips in der plastischen und malerischen Formenwelt an einem reichen Bildermaterial veranschaulicht hat.

Da im Band über den Berner Vortrag, von wenigen Ausnahmen abgesehen, die auch hier vorgezeigten Bilder wiedergegeben sind, wird in der vorliegenden Ausgabe auf sie am gegebenen Orte hingewiesen.

Die Herausgeber

ERSTER VORTRAG

Dornach, 23. Januar 1920

In einer Art von episodenhafter Einfügung in diese Vorträge, die jetzt gehalten werden, möchte ich Ihnen heute einiges vorbringen über unseren Bau, und zwar so, daß unsere Freunde in dem, was über diesen Bau hier dargeboten wird, eine Art Unterlage haben können für ihr eigenes Wirken. Es wird sich ja in der nächsten Zeit wirklich darum handeln, daß nach vielen Richtungen hin stärker eingetreten wird für unsere Sache, und daß der Dornacher Bau, das Goetheanum, in den Mittelpunkt gestellt werde desjenigen, was wir als Bewegung für die anthroposophisch orientierte Geisteswissenschaft geltend machen wollen. Es würde von außerordentlicher Bedeutung sein, wenn dasjenige, was hier als „Goetheanum" sich befindet, der Außenwelt auch bekannt würde, bekannt würde auch denjenigen, die jetzt nicht Gelegenheit haben, diesen Bau zu besehen. Die Art, wie dieser Bau sich hinstellt vor die Geisteskultur der Gegenwart, die kann schon, wenn sie in der richtigen Weise unseren Zeitgenossen zum Bewußtsein gebracht wird, in der Richtung wirken, die in diesen Betrachtungen als eine notwendige Zeitrichtung angegeben worden ist. Ich werde daher heute, da ich ja, wie gesagt, Unterlagen geben möchte für dasjenige, was dann andere in die Welt hinaustragen können, einiges von dem, was ich im einen oder anderen Zusammenhange schon vorgebracht habe, wieder vorzubringen haben, damit dann aus dem, was diese episodischen Betrachtungen enthalten werden, eine Art von Ganzem entstehe.

Dasjenige, was in erster Linie mit Bezug auf den Dornacher Bau zu sagen ist, das ist, daß er herausgewachsen ist aus der anthroposophisch orientierten Weltanschauung. Herauswachsen konnte er aus ihr aus dem Grunde, weil diese anthroposophisch orientierte Weltanschauung, wenn sie richtig verstanden wird, die innere Kraft hat, wirklich aus sich heraus Formen, Künstlerisches, Gestaltungen zu schaffen. Noch einmal möchte ich dasjenige sagen, was ich in anderem Zusammenhange schon gesagt habe: Würde irgendeine der heutigen Geistesströmungen, wie sie mit verschiedenen Programmen vor die Welt hintreten, in einem gewissen Zeitpunkt eine eigene Behausung gebraucht haben, so würde man sich an diesen oder jenen Architekten gewendet haben, an diesen oder jenen Künstler und würde eine Art so oder so stilisierten Heimes gebaut haben, in dem dann dasjenige, was sich geltend machen will, wohnen könnte. Es wäre ein äußerliches Verhältnis dann zwischen demjenigen, was da getrieben würde, und einem Renaissancebau oder einem antiken Bau oder einem gotischen Bau oder dergleichen.

Ein solches äußeres Verhältnis sollte nicht sein zwischen dem, was hier als Weltanschauung sich offenbaren will, und demjenigen, was ihre Betätigungen umschließt. Es sollte ein *innerliches* Verhältnis sein. Alles einzelne, was zur Behausung unserer Tätigkeit gehört, alles einzelne in den Formen, in den Gestaltungen, sollte aus den Impulsen dieser Weltanschauung selbst heraus geschaffen werden. Wenn Sie dies bedenken, so werden Sie sehen, daß es zusammenhängt mit der ganzen Stellung, welche sich anthroposophisch orientierte Geisteswissenschaft zur allgemeinen Menschheitsentwickelung geben will. Das Leben der neueren Menschheit ist abstrakt und intellektuell geworden. Es ist so geworden, weil durch Jahrhunderte hindurch die neuere Menschheit fast nur eine Erziehung in Gedanken durchgemacht hat. Wenn man Formen schaffen wollte, so wendete man sich an schon Bestehendes an diesem oder jenem alten Baustil, wie man sich auch sonst, wenn man Künstlerisches oder dergleichen schaffen wollte, nicht an die Weltanschauung wendete, sondern an irgend etwas, was sich neben die Weltanschauung hinstellte. Woher ist denn das eigentlich gekommen?

Sehen Sie, in allem, was sich in der menschlichen Kultur geltend macht, müssen zwei Strömungen zusammenfließen. Diese zwei Strömungen gehen weit in der geschichtlichen Entwickelung der Menschheit zurück. Die eine, die ihre intellektuellste Ausgestaltung eben in den letzten Jahrhunderten erfahren hat, geht auf dasjenige zurück, was man die Anschauung des Alten Testamentes nennen kann. Man darf niemals aus dem Auge verlieren, daß ein wesentliches in diesen Anschauungen des Alten Testamentes das war: Du sollst dir kein Bild machen von deinem Gotte. – Die bildliche Darstellung desjenigen, was geistiger Art ist, das war etwas, was dieser einen Strömung der Menschheitsentwickelung fehlte. Und so ist es in dem, was geworden ist aus dieser einen Strömung der Menschheitsentwickelung, bis zum heutigen Tage geblieben.

Es wird da viel gedacht, es wird philosophiert, es wird gewissenschaftet, es werden populäre Weltanschauungen ausgebaut. Aber diese Wissenschaften, diese Philosophien, diese religiösen Strömungen bringen es nicht dazu, aus sich selber heraus künstlerische Formen zu schaffen. Man hat aber eigentlich nur zu dem unkünstlerischen Elemente des Weltanschauungsstrebens in der neueren Zeit ein innerliches Verhältnis. Zum Formgeben, zum Ausgestalten des Bildhaften hat die neuere Zeit ein unmittelbares menschliches Verhältnis *nicht.*

Nun gibt es aber eben zwei Eingänge in die geistige Welt. Man kann abstrakt in die geistige Welt eindringen, so wie die monotheistischen Religionen eben abstrakt eindringen. Dann bildet man vorzugsweise das intellektuelle Element, die Abstraktheit aus. Dann bringt man es weit in dem, worinnen es die neueste Zeit weit gebracht hat. Man kann aber auch ausbilden dasjenige Element, welches im Bildhaften liegt, das Element des Anschauens, des Lebens in der Gestaltung. In diesem Elemente lebte innerlich die neuere Menschheit wenig. Sie erneuerte alte Stile, alte Bildlichkeiten, gelangte aber zu keinem innerlichen Verhältnis zu diesen. Ja, es ist so weit gekommen, daß auf der einen Seite diejenigen, die künstlerisch schaffen wollen, geradezu sich fürchten vor jeglicher Weltanschauung, weil tatsächlich eine gewisse Furcht berechtigt ist vor der neuesten Weltanschauung, die unbildlich, abstrakt ist. Aber auf der anderen Seite hat das noch einen ganz besonderen anderen Nachteil gehabt für die Entwickelung der neueren Menschheit. Und dieser Nachteil zeigt sich in den Niedergangserscheinungen der neuesten Zeit. Ich habe schon vor einiger Zeit hier darauf hingedeutet, wie in dem Streben der Menschen der Gegenwart etwas von Alttestamentlichem, von Jahve-

Streben enthalten ist, wie man gewissermaßen jedes einzelne Volk zu dem machen möchte, was das althebräische Volk aus sich machen wollte, wie das Christentum als solches noch nicht in seiner Fülle in die Herzen der neueren Menschheit eingezogen ist. Und so hat sich einseitig im sozialen Leben auch ein gewisses abstraktes Denken herausgebildet, ein gewisses abstraktes Empfinden des Menschheitszusammenhanges. Aber der Mensch als solcher und Menschengemeinschaften, sie können nicht begriffen werden von dem Standpunkt des bloßen Intellektualismus aus.

Gerade dasjenige, was der Mensch ist, und auch dasjenige, durch das der Mensch sich in das soziale Leben hineinstellen soll, kann nur begriffen werden, wenn man sich erhebt zu *bildlicher* Anschauung. Und derjenige, der die Gesetzmäßigkeiten auf diesem Gebiete kennt, der weiß, daß selbst in den Märchen, in den Legenden, in den Mythologien mehr Weisheit über die eigentliche Menschennatur enthalten ist als in der neueren Wissenschaft, die gar nicht die Mittel hat, den Menschen über den Menschen aufzuklären. Vor dem Hereinscheinen des eigentlich Geistigen, das nur in Bildern hereinscheinen kann in unsere menschheitliche Kultur, fürchtet man sich. Aber es wird mit dem menschlichen Kulturleben nicht besser werden, wenn nicht eine Weltanschauung wiederum die Herzen der Menschen ergreift, welche fähig ist, aus sich heraus nicht nur Gedanken zu prägen, sondern Formen zu gestalten, das ganze Leben zu durchdringen. Damit aber möchten wir hier mit diesem Bau einen Anfang machen. Es soll zwar nur ein Anfang sein, aber doch in seiner Eigentümlichkeit alles dasjenige zeigen, was einer wirklich *schöpferischen* Weltanschauung der Gegenwart und namentlich der Zukunft eigen sein muß. Sehen Sie, alles dasjenige, was so diese Weltanschauung charakterisiert, die hier vertreten wird, das soll gewissermaßen im Bilde da sein, wenn man vor sich hat dasjenige, was dieser Repräsentant dieser Weltanschauung ist, das Goetheanum hier auf dem Dornacher Hügel.

Wenn wir in einigen Linien charakterisieren wollen dasjenige, was dieser Weltanschauung eigen ist, müssen wir sagen: Vor allen Dingen ist ihr eigen die Erkenntnis, daß ein neues Geistesleben sich der Menschheit in dieser Zeit offenbaren muß. Daß ein neues Geistesleben sich offenbaren soll, das muß man anfühlen dem Bau, der der Repräsentant sein soll der Verbreitung dieses Geisteslebens. Man muß es fühlen, indem man sich diesem Bau nähert. Derjenige, der sich aus der Umgebung diesem Bau nähert, der muß das Gefühl haben: Hier in diesem Bau wird sich offenbaren etwas, was sich als Neues hereinstellt in die Menschheitsentwickelung. – Ein Hereindringen eines Neuen in die Menschheitsentwickelung, damit haben Sie gegeben, ich möchte sagen, von vornherein die *Form* dieses Baues. Zwei nicht ganz geschlossene Zylinder, von nicht ganz geschlossenen Halbkugeln bedeckt, drücken aus jene Zweiheit des sich Offenbarenden und des die Offenbarung Entgegennehmenden. Und das Prädominierende der beiden Kuppeln wird dem, der sich dem Bau nähert, zur Andeutung bringen: es ist hier etwas umschlossen, *das umhüllt wird, das sich aber offenbaren will.*

Nehmen Sie dasjenige, was ich so sage, ja nicht in einem symbolisierenden Sinne; nehmen Sie es im künstlerischen Sinne, dann werden Sie das richtige Verständnis dafür entwickeln. Ich werde über diese Dinge noch mehr sprechen, aber wir wollen uns heute zunächst einmal einen Überblick machen über die verschiedenen Wirkungen der Bauformen nach außen hin, und dem, was unsere Bewegung will. Stellen wir uns also zunächst vor: Nähert jemand sich, sagen wir zunächst, von Nordosten her, aus irgendeinem Punkte der Umgebung dem Hügel, auf dem das Goetheanum errichtet ist, so wird er sehen können: hier erhebt sich ein Bau (das erste Bild wird eingestellt) (Abb. 7*), zu dem irgendwelche andere Formen nicht da sein können. Und das ist schon ein Gefühl, das man einmal durchmachen soll, durchmachen soll im unmittelbaren Anblick des Repräsentanten dieser Weltanschauung.

Das nächste Bild (Abb. 1):

Von einer andern Seite aus repräsentiert sich der Bau in dieser Weise.

Ein weiteres Bild aus dem Umblicke (Abb. 6):

Es wird vor allen Dingen notwendig sein, auf die einzelnen Formen

---

* Die Nummern der Abbildungen verweisen auf den Band „Der Baugedanke des Goetheanum", Vortrag in Bern am 29. Juni 1921, 2. neue durchgesehene Auflage, Verlag Freies Geistesleben, Stuttgart 1958.

zu sehen. 1908 hat sich mir zuerst der Gedanke ergeben, den Bau als einen solchen Doppelkuppelbau aufzuführen. Es war ja an dem Baugedanken manches dadurch geändert worden, daß ursprünglich gedacht war, den Bau in einer Stadt, in München, aufzuführen, wo er rings umgeben gewesen wäre von Häusern, wo also die Außenarchitektur weniger in Betracht gekommen wäre. Als der Bau umzukonstruieren war für den hiesigen Hügel, da handelte es sich natürlich darum, ihn auch nach außen hin architektonisch so zu gestalten, daß er nach den verschiedenen Seiten der Umgebung hin richtig wirkt. Hier wollen wir zunächst einmal ins Auge fassen, daß der ganze Bau auf einer Art Rampe errichtet ist, so daß er also nicht unmittelbar auf dem Boden aufsteht.

Das nächste Bild (Abb. 3).

Das nächste Bild (Abb. 4):

Wir kommen jetzt dem Bau schon näher und haben hier ein Bild dem Haupteingange gegenüber.

Nun bitte ich Sie, zu berücksichtigen, daß man hineingeht zunächst in den Unterbau, daß dann, wie wir sehen werden, angehörig diesem Unterbau die Treppe ist, durch die man in den Zuhörerraum hinaufsteigt. Dann kommt man erst durch das Haupttor in den eigentlichen Innenraum. Der Bau ist etwas über dem Niveau der unmittelbaren Bodenfläche erhaben. Es wird jedem, der sich dem Bau nähert, auffallen, namentlich wenn er sich dem Haupttor gegenüber befindet, daß hier der Versuch gemacht worden ist, von den bloß mathematisch-geometrisch-mechanischen Bauformen abzugehen und organische zu finden. Selbstverständlich können diejenigen Menschen, die ganz erfüllt sind mit den alten Anschauungen, die glauben, daß nur das Geometrisch-Dynamische in der Baukunst, in der Architektur eine Berechtigung habe, viel gegen diese Überführung der architektonischen Formen ins Organische einwenden. Diese Einwände kennt man alle. Allein es hat sich hier eben wirklich einmal darum gehandelt, das Wagnis zu unternehmen, die Bauformen ins Organische überzuführen. Dann aber war die Notwendigkeit gegeben, den ganzen Baugedanken so zu denken, wie man das *Organische* denkt. Verstehen, was ich damit eigentlich meine, wird nur der, der wirklich einmal versucht, was heute die wenigsten Menschen noch eigentlich wollen: in der Empfindung abzugehen von allem Symbolisierenden, Abstrakten, von allem bloß Mechanisch-Mathematischen, und der sich einläßt auf ein wirklich organisch-künstlerisches, empfindendes Denken. Nicht etwa, um die Form eines organischen Wesens symbolisch hier in Bauformen auszudrücken, handelt es sich, sondern darum, einzusehen, daß, um ein organisches Wesen zu begreifen, notwendig ist eine ganz bestimmte Art von intuitiven Gedankenformen. Man muß sich eingewöhnen in solche intuitive Gedankenformen. Und dann muß man in der Lage sein, ganz ursprünglich und elementar aus einem solchen intuitiven Denken heraus auch diese Bauformen zu finden.

Ich möchte Sie aufmerksam machen auf etwas, wovon die meisten Menschen in der Gegenwart überhaupt noch gar keine Ahnung haben. Man kann sagen: In der Natur sind organische Formen. Wir bilden Bauformen, die nachgestaltet sind irgendwie den organischen Formen der Natur, die gewissermaßen symbolisch zum Ausdruck bringen die organische Form der Natur.

So ist hier nichts entstanden. Für diese Bauformen hier gibt es kein Vorbild, das in der Natur unmittelbar vorhanden wäre. Und wer solche Vorbilder in der Natur sucht, der zeigt eben, daß er das Grundlegende desjenigen, um was es sich hier handelt, gar nicht verstanden hat.

Das andere ist, daß man in der Lage ist, den Organismus wirklich zu verstehen. Dann, wenn man einen Organismus in der Natur versteht, dann hat man ein Denken, welches ganz unabhängig von der Natur auch organische Bauformen finden kann. Aber diese organischen Bauformen müssen ganz selbständig und unabhängig gefunden werden, müssen aus ihrer eigenen Formwesenheit heraus geschaffen werden. Das Ganze trägt dann, wenn es wirklich aus einem organischen Baugedanken heraus gebildet ist, auch den Charakter des Organischen. Welches ist dieser Charakter des Organischen? Ja, meine lieben Freunde, nehmen Sie einen komplizierten Organismus, und nehmen Sie dann an diesem komplizierten Organismus nur ein Ohrläppchen. Wenn Sie richtig intuitiv denken und empfinden können, werden Sie sich sagen: Dieses Ohrläppchen an seiner Stelle könnte nie anders sein, als es ist; und es muß an dieser Stelle so sein, wie es ist; es hat die richtige Breite, es hat die richtige Höhe, es hat die richtige Rundung usw. So muß hier an diesem organisch gedachten Bau jede einzelne Form sein. Alles einzelne muß, indem es sich als ein Glied des Ganzen kundgibt, seine eigene Notwendigkeit in der Form offenbaren. Es muß sich das kleinste Anhängsel, das da oder dort auftritt, in seiner inneren Notwendigkeit so darstellen wie das Ohrläppchen oder wie ein Arm oder wie der Kopf am menschlichen Organismus.

Es ist hier nichts *nachgebildet* der Natur. Und wer durch diese Formen an das eine oder das andere erinnert wird, der zeigt eben, daß er den Bau nicht künstlerisch beurteilt, sondern unkünstlerisch. Denn wenn ich durch irgend etwas am Bau erinnert werde – und an was alles sind schon die Menschen erinnert worden durch diese Bauformen, an menschliche Augenbrauen oder dergleichen, oder an Augen –, so zeige ich nur: ich beurteile das Einzelne für sich, während jede Einzelheit an diesem Bau nur eine Bedeutung hat im Zusammenhang mit dem Ganzen und aus dem Ganzen heraus begriffen werden muß.

Das nächste Bild zeigt dasselbe, etwas näher (Abb. 12):
Sie haben unten den Eingang. Man kommt zunächst in die Garderobenräume, dann links und rechts, wo der Unterbau eine Rundung ist, ist das Treppenhaus. Man kommt dann auf die Rampe hinauf und geht durch das Hauptportal in das Innere hinein. Das Motiv, das einem am Hauptportal entgegentritt oben, das ist eben ein solches organisches Motiv. Und wenn Sie die verschiedenen Motive, die an den verschiedenen Seiten des Baues zu finden sind, nehmen, so werden Sie überall finden: sie sind nach dem organischen Metamorphosen-Prinzip gebildet, so daß sich das eine aus dem anderen immer als Entwickelung ergibt. Sehen Sie sich zum Beispiel dieses Motiv an, welches hier oben am Hauptportal ist. Wenn Sie es in seinen Formen empfinden, so werden Sie wieder empfinden können dieselbe Form an den Fenstermotiven des Seitentraktes, den Sie hier besonders deutlich sehen nach dem Süden hin. Scheinbar ganz andere Motive

sind diese Fenstermotive. Aber Sie werden an ihnen sehen können, daß sie sich so ergeben aus dem Hauptportalmotiv, wie etwa nach dem Prinzip der Goetheschen Metamorphosenlehre die einzelnen Organe der Blüte sich ergeben aus dem Blatt. Es ist eine andere Metamorphose desselben Motivs. Man kann nur einen organischen Baugedanken entfalten, wenn man das Prinzip der Metamorphose wirklich innerlich intuitiv erfaßt.

Das nächste Bild (Abb. 12 u. 17):

Haupteingang mit Seitentrakten.

Sie sehen gerade bei dem, was sich links und rechts an den Haupteingang anschließt, den Versuch gemacht, so wie in der organischen Natur selber gestaltet ist zu verfahren, aber ohne daß irgend etwas Organisches nachgeahmt ist, nämlich so, daß das eine Motiv aus dem anderen hervorgeht. Sie sehen jeder Linie, jeder Fläche an, daß sie aus der anderen nach demselben Prinzip hervorgeht, wie, sagen wir, zum Beispiel beim Menschen die Wangenfläche aus der Schläfenfläche hervorgeht. Dieses Hervorgehen der Wangenfläche aus der Schläfenfläche, man kann es wirklich innerlich studieren. Man muß nur loskommen von der rein intellektualistischen Weltanschauung. Man muß die Welt in Formen anschauen können, ohne zum Symbolismus zu kommen. Dann wird man einsehen, wie eine Fläche, eine Form aus der anderen so entsteht, daß sie wirklich herausgewachsen sein könnte, und daß sie außerdem an dem Orte, wo sie ist, durchaus räumlich gerechtfertigt ist. Sehen Sie, an diesem ganzen Bau ist kein einziges bloßes Symbolum. Als unsere Bewegung noch durch Menschen, die sich an ihr beteiligten, viel Sektiererisches in sich hatte, viel verkehrt Mystisches, das ja von mir immer bekämpft werden mußte – aber es waren sehr viel mystisch-sektiererische Anlagen in den verschiedenen Menschen, die von verschiedenen Seiten zu unserer Bewegung herankamen –, da entsetzten sich oftmals gerade künstlerische Naturen, die in unsere Räume hereinkamen, über das Symbolisierende. Irgendwo ein Rosenkreuz, ein Kreuz mit sieben Rosen, dilettantisch gemacht, galt den Leuten mehr als ein wirklich künstlerisches Motiv. Das dürfte nun an diesem Bau endlich endgültig überwunden sein, und das unmittelbar Schöpferische ohne den

Durchgang durch das Symbolisieren, das unmittelbar Schöpferische einer Weltanschauung im Formalen, das sollte an diesem Bau nun zum Ausdrucke kommen.

Das nächste Bild (Abb. 23):
Ich bitte Sie, immer bei diesen Formen darauf Rücksicht zu nehmen – selbstverständlich ist alles ein Anfang –, daß der Versuch gemacht ist, die Flächen so zu gestalten, daß sie sich nach den entsprechenden *Kräfte-Lagen* richten. Wenn Sie zum Beispiel durch den Haupteingang des Unterbaues hineingehen, so werden Sie dort Bogen sehen. Studieren Sie einmal die Formung dieser Bogen, und Sie werden sehen: diese Formung ist so, daß die Linie des Bogens genau folgt der Kräfte-Verteilung im Bau. Da, wo es zum Tore geht, wo also eine geringe Belastung vorliegt, da greift der Bogen aus; da, wo der Bogen sich hinwölbt gegen den Bau, da biegt er sich ein, er stemmt sich. So daß also die Formung des Bogens durchaus den Lasten, den Kräfteverteilungen folgt. So die Formen empfinden heißt eben, einen organischen Baugedanken fassen.

Das nächste Bild (Abb. 13):
Da kommen wir zu der nördlichen Seitenansicht. Sie sehen hier in dem zwischen dem Hauptportal und dem einen Flügel liegenden Teile das Motiv des Hauptportals in Metamorphose. Sie können da studieren, wie die einzelnen Formen so metamorphosiert sind, daß zum Beispiel Rücksicht darauf genommen ist, wie das Motiv der Seitenwand folgt. Während man in den Haupteingang hineingeht, kommt einem das Motiv *entgegen,* während man hier an dem Motiv *vorübergeht.* Dieses Entgegenkommen und Vorübergehenlassen, das sind solche Dinge, die bei einem organischen Baugedanken zum Ausdrucke kommen müssen. Es ist dasselbe Motiv in anderer Metamorphose. So ist auch dasjenige gestaltet, was nach oben hin abschließt, was gewissermaßen überdacht das Motiv. Auch das ist anders gestaltet, aber wiederum nur in Metamorphose anders gestaltet als das Hauptportal-Motiv.

Das nächste Bild (Abb. 14 u. 16):
Da haben Sie die Seitenansicht des Seitentraktes. Gerade an diesem Fenstermotiv können Sie studieren, wie man organische Formen

ausgestaltet. Was hier die Fenster nach oben abschließt als Motiv, das ist genau dasselbe wie das Motiv, das Sie vorhin gesehen haben über den Fenstern, und das Motiv, das Sie über dem Hauptportal haben. Aber beim organischen Wachstum ist es so, daß die Metamorphosen dadurch entstehen, daß dasjenige, was an dem einen Gebilde kräftiger, breiter ausgebildet ist, sich beim anderen verkürzt, zusammenzieht, anderes, was bei einer früheren Bildung primitiver ausgebildet ist, sich mehr verzweigt. Darauf beruht ja gerade die Metamorphose. Und diese Metamorphose sehen Sie hier durchgebildet. Außerdem mache ich Sie aufmerksam darauf, daß wenigstens das Bestreben vorhanden war, bei diesem ganzen Bau Bauwahrhaftigkeit, architektonische Wahrhaftigkeit zu entwickeln. Das ist etwas, was man in der heutigen Welt eigentlich nur noch wenig versteht. Das bloß Renaissancehafte sehen Sie hier überwunden. Sie sehen diese Fenster nicht bloß dekorativ ausgestaltet, sondern Sie sehen sie unten *aufstehen.* Es ist an diesem ganzen Bau nichts zu finden, was nicht zu gleicher Zeit verrät, was es ist. Es lügt nichts an diesem Bau. Währenddem gerade bei jetzigen Baugedanken so ungeheuer viel Erlogenes und Verlogenes ist. Wir haben ja in unserer Kultur gerade in den Formen so viel Erlogenes, daß es schließlich nicht wunderbar ist, daß wir auch in dem, was die Menschen sprechen, so viel Erlogenes haben. Es ist hier versucht: Wo etwas auftritt, soll es tatsächlich unmittelbar der Ausdruck desjenigen sein, was es ist. Das ist beim Symbolismus niemals der Fall, denn dieser hat immer etwas Willkürliches in sich. Das bitte ich Sie zu berücksichtigen.

Das nächste Bild (Abb. 15):

Hier haben Sie dann den Seitentrakt in seiner Fassade. Sie haben dasjenige, was über dem Hauptportal ist, in einer anderen Metamorphose. Natürlich ist bei alldem, was Sie hier sehen, zu berücksichtigen, daß es ein Anfang ist. Ich sage es jedem, der es hören will, immer wiederum: Ein zweitesmal der Bau gemacht von mir selber, würde er ganz anders werden. Es ist eben ein Versuch. Aber im einzelnen kann man ihm doch wohl ansehen, was eigentlich gewollt ist, wie der organische Baugedanke durchgeführt ist, wie zum Beispiel die bloß mathematisch-geometrisch-dynamische Säulenform überall ins

Organische übergeführt ist, so daß nirgends bloß anschaulich ist das Prinzip des Tragens oder des Lastens, sondern überall drinnen ist das Prinzip des Wachsens, des Auseinanderhervorgehens, was, wie wir dann morgen sehen werden, insbesondere bei der Innenarchitektur in ausgeprägtestem Maße versucht worden ist, durchzuführen.

Das nächste Bild (Abb. 19):
Das ist der obere Teil desselben.

Das nächste Bild (Abb. 16):
Da ist der Anschluß von der Seite, von der Ecke her.

Das nächste Bild (Abb. 11):
Hier haben Sie nun das Bild von meinem ursprünglichen Modell. Ich wollte Ihnen zuerst eine Vorstellung geben von der Idee, die sich ergibt beim Annähern an den Bau. Ich wollte Ihnen zeigen, wie der Bau wirken soll, wenn man um ihn herumgeht. Nun führe ich Sie vor das Innere, so wie es sich darstellt nach meinem ursprünglichen, in Holz und Wachs ausgeführten Modell. Dieses Modell lag ja dem ganzen Bau zugrunde. Sie haben es hier in der Mitte durchschnitten. Dadurch sehen Sie unter der großen Kuppel die sieben aufeinanderfolgenden Säulen, welche in der Rundung den Zuschauerraum abschließen. Dann haben Sie hier die Stelle des Vorhanges, die Mitte; und hier haben Sie unter der kleinen Kuppel die sechs von den zwölf Säulen, welche den kleinen Kuppelraum umkreisen. Dieser Schnitt, der hier geführt wird, geht vom Westen nach Osten. Im Osten wird dann stehen die Hauptgruppe: der Menschheitsrepräsentant, vom luziferisch-ahrimanischen Elemente umrahmt. Über das Prinzip, nach dem diese Säulen mit ihren Kapitellen und Architraven gebildet sind, werde ich morgen sprechen.

Hier das nächste Bild (Abb. 9):
Hier haben Sie den Grundriß des Baues, Haupteingang, ringsherum die Rampe, hier den Zuschauerraum, den kleinen Kuppelraum, den Ort, wo aufgeführt werden sollen Mysterien, wo die Eurythmie-Aufführungen und so weiter sein sollen, beides getrennt durch den Vorhang, und in der Trennungslinie von beidem wird ja auch das Rednerpult stehen. In der Trennungslinie liegen dann die zwei Seitentrakte, die dazu bestimmt sind, daß diejenigen, die etwas zu

tun haben mit den Aufführungen, dort ihre Garderoben haben werden und so weiter.

An diesem Grundriß können Sie sehen, daß dem ganzen Bau eine gewisse Notwendigkeit zugrunde liegt. Wenn ich über diesen Grundriß spreche, so habe ich immer eine gewisse Sorge, daß man den eigentlichen Baugedanken mißverstehen kann. Ich habe hier einmal einen Vortrag gehalten über die Grundrißform, und diese Grundrißform parallelisiert mit der menschlichen organischen Gestalt. Das verstehen dann wiederum gleich manche Zuhörer so, als ob der Bau symbolisch nachgebildet sei der menschlichen Form. Das ist aber durchaus nicht der Fall, sondern wer in der Lage ist, die menschliche Form wirklich zu verstehen, wie sie auf der einen Seite das Denkerische ist, auf der anderen Seite das Willensgemäße, das durch das Gemüthafte zusammengebunden ist, wer das Ganze versteht, Hauptesbildung, Gliedmaßenbildung mit der Rumpfbildung, mit der Herzensbildung in der Mitte, der ist auch in der Lage, andere organische Formen auszubilden. Und eine solche andere organische Form ist dieses. Es ist eben organisch gestaltet. Daher, wenn *dieses* hier vorliegt und die organische Form des Menschen vorliegt, wird man eine Beziehung zum Menschen finden können. Aber es handelt sich durchaus nicht darum, daß das eine dem anderen nachgebildet ist, sondern es ist hier wirklich die organische Bauform aus dem Organisch-Schöpferischen des Natur- und Weltenwirkens selber heraus gestaltet.

Dasselbe können Sie ansehen dem Querschnitte, den ich Ihnen jetzt zeigen werde; hier ist der Querschnitt von Osten nach Westen geführt.

Nächstes Bild (Abb. 10):

Die kleine Kuppel, die sich verbindet mit der großen Kuppel, ist in der Mitte durchschnitten, von Ost nach West. Der ganze Bau hat nur eine Symmetrieachse, und symmetrisch ist alles in bezug auf diese Symmetrieachse angeordnet. Das bedingt, daß eben gerade der Baugedanke ein organischer sein muß, denn das Organische ist so gestaltet, daß es sich in einer gewissen Achse entwickelt, wenn es ein höheres Organisches ist. Nur gewisse niedere organische Formen sind zentral angeordnet. Und man kann annehmen, daß einmal aus dem, was hier angestrebt worden ist, gewisse vollkommenere Bauformen, als die Zentralbauten sind, herausentstehen werden, weil eben das Prinzip des organischen Wachsens in einer Achse wirklich hier einmal angestrebt worden ist.

Das nächste Bild (Abb. 23):
Hier sehen Sie den Raum, in den man zunächst hineinkommt, wenn man durch das Tor des Unterbaues hineingeht. Dann hat man hier die Treppe, über die man hinaufgeht, um oben auf die Rampe zu kommen, über die man dann durch das Hauptportal in den eigentlichen Raum, über den wir morgen sprechen werden, hineinkommen kann. Sie sehen, wenn Sie der Treppe zu gehen, hier unten ein merkwürdiges Gebilde. Das, was dieses Gebilde ist, wird vielleicht nur derjenige vollständig erfassen können, der wirklich absieht von allem bloß Intellektuellen und auf das Künstlerische zu sehen in der Lage ist. Als diese Form hier ausgebildet werden sollte, da sagte ich mir: Wer über diese Treppe hinaufgeht, der muß an irgend etwas einen Anhaltspunkt haben für die Stimmung, die man im Hinaufgehen haben soll. Und nun sehen Sie sich diese drei Formen an, die aufeinander senkrecht stehen in den drei Raumrichtungen. Aber es genügt nicht, daß Sie bloß dieses Aufeinander-senkrecht-Stehen ins Auge fassen, sondern Sie müssen das Überhängende dieser Formen ansehen, das sich Ausbuchtende, das Lastende, *im Überhängenden Lastende.* Wenn Sie die ganze Form durchempfinden, dann wird sie Ihnen ein Ausdruck der Stimmung sein, die man für die wünschenswerte halten kann, wenn man über diese Treppe hinaufgeht. Wer über diese Treppe hinaufgeht, soll ein Vorgefühl davon haben: in diesem Bau des Goetheanum findet er etwas, was ihm Festigkeit, Sicherheit, Kraft im Leben gibt, was ihm etwas gibt, ohne das man gewissermaßen seelisch umfällt. Davon soll man ein Vorgefühl hier haben. Rein aus diesem Gefühl heraus ist diese Form entstanden. Ich möchte sagen, nur nachträglich sollte man fühlen, wie diese Form so sein muß, daß sie, wenn auch nicht in sklavenhafter Nachbildung, doch etwas ähnlich ist den drei halbzirkelförmigen Kanälen, die die kleinen Gehörknöchelchen im menschlichen Ohre bilden. Wird die-

ses Organ im menschlichen Ohr verletzt, so fällt der Mensch um. Er verliert das Gleichgewicht. Es ist ein Gleichgewichtsorgan im menschlichen Organismus, ein ganz kleines, winziges Gleichgewichtsorgan.

Man kann nun das Gefühl haben, daß hier so etwas sein muß, um im Gleichgewicht in diesen Raum einzutreten. Das ist nichts Ausspintisiertes, das ist etwas durchaus Empfundenes. Derjenige, der es als ausspintisiert versteht, der hat es sich selbst zuzuschreiben, denn er fängt an nachzudenken, nachzugrübeln, zu spekulieren. Es handelt sich nicht darum, daß man nachgrübelt, spekuliert, sondern daß man das Lastende im Überhängenden *empfindet,* daß man die Form empfindet, und im Empfinden eben die Stimmung fühlt, die einen überkommen kann, wenn man über diese Treppe hinaufgeht.

Hier ist gerade eine derjenigen Bogenrichtungen, die nur verstanden werden kann innerhalb eines organischen Baugedankens. Stellen Sie sich einmal hierher im Bau und sehen Sie nach dieser Richtung hin und empfinden Sie den Bau, das heißt, empfinden Sie, wie man hier hereinkommt beziehungsweise herausgeht, empfinden Sie, wie man hier die Treppe hinaufgeht, dem Lastenden des ganzen Baues entgegengeht, dann werden Sie von diesem Schwung empfinden, daß er so sein muß. Sie werden aber auch empfinden, was gemeint ist in diesem Gebilde hier. In solch einem Gebilde ist einmal der Versuch gemacht, das bloß Säulenmäßige, das Pfeilermäßige ins Organische überzuführen. Es ist dabei nichts anderes zugrunde liegend als das Formgefühl, das kommt, wenn man intuitiv das Tragende durchfühlt; dann *muß* diese Form herauskommen. Wer erinnert wird an einen Elefanten- oder an einen Pferdefuß, der mag daran erinnert werden, aber er zeigt, daß er nicht vom Künstlerischen ausgeht, sondern vom bloß Imitativen. Hier zu empfinden, wie *getragen* werden soll und wie dasjenige, was trägt, sich in diese Formen auswächst, nach dieser Richtung hin in diese Formen übergeht, in diese Bogenlinie nach der anderen Richtung hin sich aufstemmt, darum handelt es sich; nicht darum, etwas nachzuahmen, sondern die darinnen tragenden und lastenden Kräfte zu empfinden und ihnen entgegenzustellen die Formen, die tragen und lasten können.

Bei dem gewöhnlichen Baugedanken empfindet man eigentlich nur das geometrisch-mechanisch-dynamische Tragende und Lastende. Hier soll in jeder Fläche, in jeder Linie zum Ausdrucke kommen, wie gewissermaßen im Baulichen der Anfang des Fühlens des Lebendigseins enthalten ist. Wenn Sie diese Dinge, die ich heute erwähnt habe, wirklich entkleiden alles bloß Spekulativen, dann werden Sie die Sache in der richtigen Weise verstehen.

Ich werde dann, von hier ausgehend, morgen fortfahren, Ihnen die Innenarchitektur darzulegen. Ich glaube, daß, wenn man zunächst einmal dasjenige, was dem Baugedanken zugrunde liegt, der Welt mitteilt und dann zeigt, wie hier etwas wirklich Neues hervorgeht aus anthroposophischer Weltanschauung in *künstlerischen* Formen, man der Welt ein Gefühl wird beibringen können, wie von hier aus weltanschaulich und – wie wir dann sehen werden morgen und übermorgen – auch sozial gewirkt werden kann. Heute wollte ich zunächst einmal diese Einleitung geben, morgen wollen wir von außen nach innen in unserem Bau fortschreiten.

ZWEITER VORTRAG

Dornach, 24. Januar 1920

Wir haben gestern den Bau aus der Umgebung und von außen betrachtet. Heute wollen wir an das *Innere* herantreten und versuchen, uns den Gedanken der Innenarchitektur vor die Seele zu führen. Dieser Gedanke der Innenarchitektur kann zunächst einmal so charakterisiert werden: Wenn sich jemand dem Bau von außen nähert, so wie er jetzt ist, so soll durch den Eindruck, den er bekommt – wie ich schon gestern andeutete –, die Vorstellung hervorgerufen werden: da ist etwas umschlossen, was zunächst abgesondert von der Welt in innerer Sammlung getrieben werden muß, was aber dazu da ist, um in die gegenwärtige Menschheitsentwickelung übergeführt zu werden; was ein neues Element ist, das in diese Menschheitsentwickelung hineinkommen soll. Auf dieses Neue in dem Weltanschauungselemente sollen eben schon die äußeren Formen hinweisen. Sie erstreben einen neuen Stil. Wäre das Goetheanum in einem alten Baustil errichtet, so würde man gerade gegenüber dem, was hier getrieben werden soll, nicht die rechte Vorstellung bekommen. Diesem Äußeren tritt nun das Folgende als Inneres gegenüber.

Nun ist als erstes Bild (Abb. 27) vorzuführen der Anblick, den man hat, wenn man von der Rampe aus durch das Hauptportal und durch den Vorraum hineingeschritten ist, sich dann gegen die Westseite zu umdreht und vor sich hat dasjenige, was nach oben abschließt den Raum über den beiden Säulen, den beiden ersten Säulen, der linken und der rechten, und das, was in der Mitte liegt.

Indem wir weiterschreiten, sehen Sie hier die erste Säule, so wie sie sich links und rechts im Kapitell zeigt, und darüber den Architrav. Beachten Sie dasjenige, was das Wesentliche ist: das Fortschreitende in der Konfiguration sowohl der Säulenkapitelle wie desjenigen, was als Architrav über den Säulenkapitellen sich hinzieht. Ich habe gestern gesagt, daß hier an diesem Bau die Hauptsache die ist, daß alles an seinem Orte in seiner Notwendigkeit empfunden wird, alles so empfunden wird, wie irgendein Glied eines organischen Wesens an dem Orte, an dem es sich befindet, in seiner Notwendigkeit gefühlt werden kann. Sie können sehen, wie versucht worden ist, hier alles dasjenige, was im Bau drinnen zu sein hat, auch wirklich mit dem Baugedanken zu umschließen, so daß dieser Bau nicht etwa so erscheint, als ob man eine Wandumschließung einer Behausung hätte und dann etwas Beliebiges da oder dort hingestellt hätte, sondern alles dasjenige, was der Bau umschließen soll, soll zugleich in organischer Verbindung mit dem ganzen Baugedanken sein. Davon können Sie sich überzeugen dadurch, daß Sie das Bild betrachten, das ja in Verbindung mit diesem ist (Abb. 26 u. 28). Es ist das *Orgel-Motiv,* nach dem Modell aufgenommen,* woraus Sie sehen, wie die Architektur hier so gestaltet ist, daß die Orgel sich in die Architektur voll hineinbilden soll, so daß man nicht etwas Hineingestelltes empfindet, sondern daß man förmlich empfindet, die Orgel sei wie aus der Architektur herausgewachsen. Das ist als Grundprinzip durch den ganzen Bau durchgeführt.

Im nächsten Bild (Abb. 29) sehen Sie die erste Säule, und ich bitte Sie, Ihr Augenmerk darauf zu richten, wie ein jedes Säulenmotiv aus dem vorhergehenden durch eine organische Metamorphose hervorgeht. Zu diesem Zwecke sollen Sie als nächstes Bild (Abb. 30) sehen, wie die zweite Säule aus der ersten hervorgeht, und wie auch das Architrav-Motiv in fortschreitender Metamorphose umgebildet ist, wie jede folgende Form aus der vorhergehenden eben seiner Formgestaltung nach herausgeholt ist. Sie sehen hier, wie die zweite Säule aus der ersten sich herausentwickelt, das heißt, wenn Sie die von unten hinaufstrebenden, von oben herunterstrebenden spitzen Formen nehmen und sie so umgestaltet sich denken, wie ein folgendes Pflanzenblatt durch Metamorphose aus dem vorhergehenden entsteht, dann werden Sie die Form der zweiten Säule aus den Formen der ersten Säule hervorgehend finden. Die ganze Säule ist in fortschreitender Metamorphose empfunden. Wenn Sie richtig sich ver-

* Die Aufnahme nach dem Modell ist nicht in dem Band „Der Baugedanke des Goetheanum" enthalten.

tiefen wollen in dasjenige, was eigentlich vorliegt, so tun Sie natürlich ganz unrecht, wenn Sie Namen, Benennungen, die, ich möchte sagen, aus mehr äußerlichen Gründen stammen, wenn Sie diese besonders respektieren. Man ist gewöhnt, die erste Säule die Saturn-Säule, die zweite Säule die Sonnen-Säule und dergleichen zu nennen; gewiß, das kann man, und das hat von einem gewissen Gesichtspunkte aus seine Berechtigung. Allein dabei stehenzubleiben wäre ja das Allerunkünstlerischste, das sich nur denken liesse. Das Wesentlichste, worauf es ankommt, ist das Verhältnis der zweiten Säule zur ersten, der ersten zur zweiten Säule. Das Wesentliche ist der Übergang der einen Form in die andere; denn es liegt zugrunde diesem Übergang der einen Form in die andere das selbe gesetzmäßige Weltenwerden, das zugrunde liegt dem Übergange der Saturnformungen zu den Sonnenformungen im Weltenall. Nicht, daß etwa diese Säulen symbolische Abdrucke von Saturn und Sonne sind, sondern dasjenige, was Saturn und Sonne zugrunde liegt: das ist eine innere, zu schauende Gesetzmäßigkeit. Und diese innere, zu schauende Gesetzmäßigkeit, die ist auch hier in die Formgebung hinein entwickelt.

Wir wollen nun die zweite Säule für sich sehen (Abb. 31).

Nun werden wir im nächsten Bild (Abb. 32) die zweite und dritte Säule zusammen sehen mit dem darüber befindlichen Architrav.

Sie sehen, wie erstens die Kapitelle in fortschreitender Metamorphose gebildet sind, aber auch wie das Architravmotiv fortschreitet, jedes Folgende aus dem Vorhergehenden heraus gestaltet ist. Wo irgendeine Kurve, eine Biegung da ist, so ist sie durchaus nicht bloß in ihrer *eigenen* Form zu betrachten, sondern immer mit Bezug auf die Form, die die vorhergehende und nächstfolgende ist. Man versteht an der ganzen Entwickelung hier weder ein Kapitell für sich noch irgendein Architravmotiv für sich. Für sich sind die Dinge gar nichts, sie sind nur etwas in der Aufeinanderfolge, wie sich das eine auf das andere bezieht. Darauf kommt es hier an. Das ist dasjenige, was das Lebendige der Sache ausmacht.

Wir werden jetzt die dritte Säule für sich sehen (Abb. 33).

Jetzt die dritte und vierte Säule zusammen, mit ihren Architraven darüber (Abb. 34).

Sie sehen, indem wir fortfahren, die Dinge immer komplizierter und komplizierter werden. Das ist das Wesen zunächst einer Entwickelung. Die Entwickelung geht vom Einfachen aus und geht dann zum Komplizierten über. Sie sehen hier das vierte Motiv eigentlich als schon sehr kompliziert in bezug auf das vorhergehende; insbesondere auch das Architravmotiv wird kompliziert.

Wir werden jetzt die vierte Säule für sich betrachten (Abb. 35).

Also, wie gesagt, jede Säule, jedes Motiv muß mit allen übrigen im Zusammenhang gesehen werden. Das ist das Wesentliche bei diesem Baugedanken. Während man sonst Wiederholungen hat, hat man hier eine fortschreitende Entwickelung. Damit ist eigentlich ein wesentlich neues Element in den Baugedanken gebracht: daß man es zu tun hat da, wo sonst bloß das Geometrisch-Dynamische in Wiederholungen vorliegt oder so vorliegt, daß sich gegenseitig das Gleiche trägt, hat man es hier zu tun mit einem *Hervorwachsen* des einen aus dem anderen. Und betrachten Sie wiederum diese Säule und die folgende zusammen mit den darüber befindlichen Architraven (Abb. 36). Hier sehen Sie, wie sich das komplizierteste Motiv in der fünften Säule ergibt als Kapitell, und wie die Architravmotive sich sehr stark komplizieren von der einfachen Form, die anfangs da war, zu diesen sehr komplizierten Formen.

Wir wollen das fünfte Kapitell für sich betrachten (Abb. 37).

Wenn Ihnen das, was da am Kapitell ist, wie ein Merkurstab mit Schlangen umwunden vorkommt, so werden Sie das nicht für sich betrachten, sondern so betrachten, daß es wirklich organisch-metamorphosisch aus dem Vorhergehenden richtig hervorgeht, so daß diese Zusammenstellung hier durchaus nicht als Einzelgedanke entstanden ist, sondern sie hat sich ergeben als eine notwendige metamorphosierte Gestaltung des Vorhergehenden. Und Sie werden sehen, wenn Sie diese Form wiederum ändern, aber innerlich, gesetzmäßig ändern, also nach dem Prinzip der fortschreitenden Metamorphose, so geht die nächste Form aus dieser hervor. Wir werden diese mit der nächsten wiederum zusammen sehen mit den darüber befindlichen Architraven.

Sie brauchen nur sich zu denken, wie gewisse Ranken, die an diesem Merkurstab-Motiv sich winden, wie diese auseinanderstreben, das oben noch Kleine des Merkur-Motivs, spitz nach unten Gehende sich auswächst, und wie dasjenige, was dort an der Kante ist, wie das entgegenwächst dem Unteren, sich verschlingt mit dem Merkur-Motiv, dann werden Sie sehen, wie rein durch Wachsen und Verwachsen der Formen, die in lebendiger Bewegung sind, das folgende Motiv aus dem vorhergehenden hervorgeht.

Aber auf etwas mache ich Sie aufmerksam: Wenn Sie jetzt, wo wir über die Mitte hinaus sind, wenn Sie jetzt das nächste Motiv gegenüber dem vorhergehenden Motiv betrachten, so werden Sie sagen: Das ist einfacher als das vorhergehende. Und das ist etwas, auf das hier ganz scharf hingedeutet werden muß. Wenn man äußerlich abstrakt den entsprechenden Gedanken aufnimmt, so kann es so scheinen, als ob „Entwickelung" darinnen bestünde, daß vom Einfachsten begonnen wird und zum immer Komplizierteren und Komplizierteren fortgeschritten wird; so daß dann das letzte, Vollkommenste das Komplizierteste nach außen hin wäre. Das ist aber nicht der Fall. Und es ist ein vollständig falscher Entwickelungsgedanke, der durch diese Meinung in der neueren Zeit aufgekommen ist. Gerade wenn man künstlerisch die Entwickelung so verfolgt, wie ich es tun mußte, um diese Kapitelle und Architrave auseinander zu gestalten, dann verwächst man mit dem ganzen Prinzip der Entwickelung in der Natur, in der Welt selber. Man muß dann so gestalten, wie wirklich die Entwickelung in der Welt, in der Natur vor sich geht; dann bekommt man eine innerliche Anschauung von dem, was eigentlich Entwickelung *ist.* Und das Merkwürdige, das Bedeutsame ist, daß dieses Drängen zuerst zum Komplizierten hin – aber nur bis zu der Mitte, die dann das Komplizierteste ist, wird man zum Kompliziertesten hin gedrängt –, daß dieses Drängen zum Komplizierten später wiederum in das Einfachere übergeht. Ganz von selbst hat sich künstlerisch ergeben, daß, nachdem man das Komplizierteste erreicht hatte, man wiederum zu einem Einfacheren, aber nur zu einem Einfacheren nach außen hin, übergehen mußte.

Ich möchte Ihnen dieses Prinzip der Entwickelung noch besonders erklären. Angenommen, wir hätten die Entwickelung irgendeiner Form metamorphosisch zu verfolgen, dann können wir sagen: Dieses hier wäre ein Einfaches (siehe Zeichnung, I). Nun geht man weiter, wie eine folgende Form aus dieser herauswachsen könnte. Nehmen wir an, wir lassen die folgende Form aus dieser herauswachsen, dann haben wir ein Kompliziertes aus einem Einfacheren herauswachsen lassen (II).

Das Nächste, weiter Komplizierte, könnte dann etwa so gestaltet sein (III). Nun hätten Sie ein drittes Kompliziertes, das herausgewachsen wäre aus dem Vorhergehenden. Verfolgt man jetzt die Entwickelung weiter, so wie sie innerhalb desjenigen vorhanden ist, was organisch, was wachsend ist, so fühlt man sich von einem bestimmten Punkte an gedrängt – wenn man sich wirklich versenkt in dasjenige, was in der Natur als Entwickelungskraft zugrunde liegt, durch diese Verwandtschaft, in die man hineinkommt mit dem lebendigen Entwickelungsprinzip –, man fühlt sich gedrängt, das Nächste nicht etwa nach außen hin komplizierter zu gestalten, sondern vielleicht so zu gestalten (IV); und das Nächste würde man sich gedrängt fühlen, so zu gestalten (V). Dann würde man eine Entwickelung bekommen, die wirklich der Natur nach gebildet ist vom Einfachen zum Komplizierten, dann aber wiederum zu einem Einfachen. Aber dieses Einfachere, zu dem man da gelangt, das hat eine gewisse Eigentümlichkeit. Es ist zwar scheinbar einfach, aber wenn Sie diese Einfachheit hier vergleichen mit der Einfachheit des Anfanges, so werden Sie sich sagen: hier ist ein einfacher, brutal gezogener Strich (beim ersten); hier ist aber eine Windung. Und man hat das Gefühl, man muß das Vorhergehende mitfühlen, so daß das vorhergehende Kompliziertere da in einer gewissen Weise mit drinnen ist, und man hat so das Gefühl, daß man aus dem Komplizierten das Einfache bekommt, indem eben dieses Einfache sich aufbaut auf einem Geheimnisvoll-Komplizierten (Strich rot). So daß die spätere Entwickelung ihre Einfachheit auf der Grundlage eines Komplizierten hat.

Es ist merkwürdig, wie man, wenn man eine Entwickelung so künstlerisch verfolgt, hineinwächst in dasjenige, was in der Natur wirklich Entwickelung ist. Wir werden da geführt zu etwas, was ich hier schon öfter angedeutet habe: Wer abstrakt das Entwickelungsprinzip verfolgt, der könnte leicht glauben, der Mensch ist das Vollkommenste zunächst in der Entwickelung der organischen Wesen, also ist er auch das komplizierteste. Das ist aber nicht wahr, sondern wenn wir ein Glied des Menschen, sagen wir das Auge, betrachten, so ist das menschliche Auge, wie es sich zunächst nach außen hin zeigt, durchaus nicht das komplizierteste Auge. Augen gewisser niedriger organischer Formen sind komplizierter; es wachsen Organe wie der Schwertfortsatz, der Fächer bei niedrigeren organischen Wesen wie Fortsetzungen der Blutgefäße in das Auge hinein. Beim Menschen sind diese Organe scheinbar ganz weg, und das menschliche Auge ist wiederum einfach gestaltet, aber *einfach* nach dem Prinzip, das ich hier künstlerisch angegeben habe. Nun sagte ich, stellt man sich diese Einfachheit vor, die sich ergibt aus dem Komplizierten, so hat man das Gefühl, man muß dies hier ergänzt denken. Die Einfachheit, die baut sich erst auf auf einem verborgenen Komplizierten (gepunktete Linie). Die Einfachheit offenbart sich nach außen.

Ja, das *ist* in der Natur wirklich so. Der Mensch hat keinen Schwertfortsatz im Auge, äußerlich sichtbar, keinen Fächer; aber wenn man sich zu dem physischen Auge das ätherische Auge hinzufügt, dann ist das hinzuzudenken, was bei dem niedereren organischen Wesen nach außen gebildet ist. Geradeso, wie ich hier (in der Zeichnung) die punktierte Linie ziehen mußte und das, was nach außen sichtbar ist, wie auf der Grundlage dieser punktierten Linie aufbauen mußte, so ist das menschliche Auge in seiner Einfachheit, in seiner physischen Einfachheit aus einer komplizierten ätherischen Äther-Augenbildung heraus gestaltet; also das Einfache nach außen, das einfache Physische nach außen aus dem komplizierten Ätherischen.

Das, sehen Sie, bezeugt Ihnen, daß, wenn man in innerer Formung wirklich hineinwächst in dasjenige, was die Metamorphose der Formen fordert, und dadurch hineinwächst in das gestaltende Prinzip der Natur selber, man erst dann versteht, wie in der Natur die Entwickelung vor sich geht. Und hier können Sie sehen, daß es notwendig ist, um eine gewisse innere Kräfteentwickelung in der Natur zu verfolgen, die Natur nicht bloß in abstrakten Gedanken kennen zu lernen, sondern ihre Gestalten mit künstlerischen Imaginationen zu verfolgen. Das ist dasjenige, was Sie hieraus lernen sollen als etwas im eminentesten Sinne Wichtiges. Wenn man weiter versuchen wird, so wie es die bisherige Wissenschaft getan hat, der Natur nur beikommen zu wollen mit Ideen und Begriffen abstrakter Art – man wird die Natur nie umfassen in ihrer Fülle der Entwickelung. Man wird vielmehr diese Natur nur umfassen in ihrer Fülle der Entwickelung, wenn man gestaltet dasjenige, was sonst abstrakte Gedanken und sogenannte Naturgesetze sind, zu Bildern, zu Imaginationen, denn die Natur schafft nicht in abstrakten Gedanken, die Natur schafft in Bildern, in Imaginationen.

Das wird einmal das Wesentliche sein in der Wirkung unseres Baues, daß er zeigen wird, zu welchen Imaginationen, zu welcher Art von Vorstellungen man vorschreiten muß, wenn man überhaupt zu einer für die Zukunft der Menschheit in erkenntnismäßiger und in sozialer Beziehung genügenden Weltanschauung wird kommen wollen. Auch die alten Weltanschauungen sind aus Imaginationen hervorgegangen. Sie wissen: auf dem Grund der Weltanschauungen stehen nicht abstrakte Begriffe, sondern Bilder in Legenden, in Mythologien; und durch Bilder suchte man zu begreifen, wie das Menschenleben wirkt. Und Bilder sind es, die übergegangen sind in die sozialen Impulse. Alles das, was so aus den alten Bildern stammt, ist heute im Untergange, hat sich heute verwandelt in abstrakte Begriffe, und abstrakte Begriffe können nicht das Leben tragen; daher die heutigen Weltanschauungen mit ihrem toten Elemente, mit ihrem zerstörerischen Elemente, mit dem Todeskeim in sich. Und diejenigen, die sich jung auftun als sogenannte neue Weltanschauung, kommen zu bloßem gefühlsmäßigem, unbestimmtem Fordern. Aus dem, was sich heute als soziale Ideen geltend macht, wird sich nichts Fruchtbares für die Zukunft ergeben können. Das Fruchtbare für die Zukunft kann nur aus einer imaginativen Erfassung der Werdeimpulse selber sich ergeben. Die müssen aber zuerst an solchen einfachen Formen wirklich innerlich anschauend erfaßt werden. Man kann an diesem Bau das innerlich erfassen, was in der Natur schaffend lebt und schaffend wirkt. Darauf wurde besonders gesehen bei der Ausgestaltung der einzelnen Formen: daß man wirklich, indem man den Bau betritt, das vor sich hat, was man brauchen wird, um eine Weltanschauung und ein soziales Leben der Zukunft zu bilden.

Geschadet hat es natürlich, daß im Anfange, solange noch hereingeragt haben in dasjenige, was mit diesem Bau erreicht werden soll, die sektiererischen Empfindungen vieler, manches, was an diesem Bau ist, ins Symbolisierende umgedeutet worden ist; und es haben sich Leute gefunden, die es für besonders wichtig gehalten haben, zu sagen: Das ist die Venus-, das ist die Saturn-Säule und so weiter. – Diese Dinge, die mystisch scheinen, mit denen man auch ein hübsches Geflunker aufführen kann, diese Dinge müßten endlich verschwinden. In unserer Zeit ist wirklich die Menschheit auf ganz anderes angewiesen als auf mystisches Geflunker. Darauf kommt es heute an, daß man sich zu tun macht mit dem Allerklarsten, mit dem Allerbewußtesten, das heißt mit demjenigen, was über das alltägliche Bewußtsein hinausgeht ins, ich möchte sagen, Überbewußte, was aber nicht hinuntersteigt ins Unterbewußte. Wir müssen über das Träumerische, über das falsch Mystische, über das ertötend Mystische hinauskommen. Denn höher als dieses Mystische, meine lieben Freunde, steht die Alltagsanschauung, steht das Alltagsbewußtsein. Und während zum Beispiel in ihr Jahrhundert noch ein *Meister Eckart* oder ein *Johannes Tauler* paßten, ist heute jemand, der sich zu demselben Bekenntnis hinwenden wollte, wie es Johannes Tauler oder der Meister Eckart hatten, in unserer Weltanschauung vollständig deplaciert. Denn heute handelt es sich darum, wirklich weiterzuwollen, aufzuwachen, nicht einzuschlafen. Es ist noch viel zu sehr die Stimmung des falsch Mystischen unter den Menschen – auch unter denen, die glauben, eines besseren Willens zu sein; aber sie glauben es nur. Es ist viel zu sehr die Stimmung vorhanden: will man zum Wahren, zum Geistigen kommen, da muß man so ein bißchen einschlafen, da muß man träumen, da muß man ein träumerischer Mystiker werden. Das ist dasjenige, was unserer Zeitkultur am allermeisten schadet. Wir können gar nicht genug streben, von dem Alltäglichen aus *nicht* zum Träumen hinunter, sondern zu Klarerem, Überbewußtem hinauf zu kommen.

Daher mußte dieser Bau gerade in seinem Künstlerischen gewisse Anforderungen stellen. Am liebsten mögen die Menschen heute, wenn sie Künstlerischem gegenübertreten, eben ein wenig eingeschläfert werden, womöglich aussetzen können mit dem Denken, das einen ja so sehr anstrengt, wenn man in der alltäglichen Beschäftigung, beim Kochen oder beim Maschinenbedienen oder bei Architekturplänen oder dergleichen ist. Man will etwas ausruhen, wenn man Kunst genießt, man will etwas schlafen können. Für solche schlafende Bewußtseine ist dieser Bau nicht. Solche schlafende Bewußtseine betreten diesen Bau und sie sagen: Das verstehen wir nicht. – Man versteht es in dem Augenblicke, wo man mit dem Auge jeder Kurve, jeder Windung folgt, wo man mit dem Seelenauge wiederum dem physischen Auge folgt, wo man sich nicht kümmert um all den Namen-Plunder „Saturn-, Sonnen-, Merkur-Säule" und so weiter, sondern wo man die Formen verfolgt, wie eine aus der anderen herauswächst, wie alles lebt und webt, wo man alle falsche

Mystik hinter sich läßt und einmal *wirklich* seinen Menschen anstrengt, daß er mitgeht mit diesen Formen.

Sehen Sie, alles was hier getrieben wird, ist wirklich nicht zum Einschlafen, sondern ist zum Aufwachen, ist zum Aufrütteln, ist zum mehr Wachwerden, als man im gewöhnlichen Leben ist, nicht zum weniger Wachsein. Und das ist gerade dasjenige, was mir zum Beispiel am meisten Schmerz macht, wenn ich immer wieder und wieder sehe, daß man den Schlaf so sehr liebt gerade in der anthroposophischen Gesellschaft, daß man möchte über all Ruhe ausgießen, das heißt egoistische Schlafbedürfnisse befriedigen, während es sich hier darum handelt, wacher zu sein, als man im gewöhnlichen Leben ist. Und dieser Bau kann nur in seiner künstlerischen Gestalt, in seiner inneren künstlerischen Beweglichkeit durchschaut werden, genossen werden, wenn man sich aufrütteln läßt von ihm, wacher zu sein als im Alltäglichen, wenn man hineinkommt. Denn im gewöhnlichen Leben schläft man recht sehr heute. Und von diesem Schlafen kommt unser hauptsächlichstes Unglück. Daher muß allerdings jede einzelne Form aktiv verfolgt werden. Man muß sich hineinversetzen in diese Formen. Daher ist dieser Bau ein lebendiger Protest gegen alle ertötende Mystik. Und es ist das Schlimmste, daß auch von gewissen gutwilligen Leuten ein gewisser mystischer Nebel durch Tratsch und Klatsch um diesen Bau herum verbreitet worden ist, so daß das dann die anderen Leute nachsagen können. Während es sich darum handeln würde, daß man gegenüber Anfeindungen gerade antworten könnte, daß diejenigen, die diesen Bau lieben, für das tätige Leben, für das übertätige Leben sind. Dann muß man aber auch eine Neigung haben für dieses tätige, für dieses übertätige Leben. Dann muß man nicht seelisch-geistige Wollust suchen hier, sondern seelisch-geistige Betätigung. Aufwachen, nicht einlullen in Träume, das ist dasjenige, was ich gerade mit Bezug auf diesen Bau sagen möchte.

Und findet man sich so aktiv, mit seinem ganzen Menschen verfolgend die lebendige Bewegung des einzelnen hinein in dasjenige, was hier gebaut wird, dann wird man sehen, daß, während von außen der Bau den Eindruck macht: hier ist etwas drinnen, was sich der Welt offenbaren will –, in dem Augenblicke, wo man ihn betritt, wirken die Formen so, daß sich die Wände selber aufheben, daß die Wände gewissermaßen verschwinden. Das ist das Neue der Wandbehandlung bei diesem Baugedanken. Wände sind bisher immer gestaltet worden so, daß sie abschließend sind. Diese Wände sind so in ihrem künstlerischen Prinzip, daß sie sich selber aufheben, so daß man drinnen das Gefühl haben kann: die Wand schließt einen nicht ab, die Säule steht nicht da, um irgendeine Grenze zu bilden, sondern dasjenige, was in der Säule ausgedrückt ist, was auf der Wand ausgedrückt ist, das durchbricht die Wand und läßt einen in lebendige Beziehung kommen mit dem ganzen Weltenall.

Der Bau ist herausgestaltet aus dem Weltenall. Wie die Welt selber in ihrem lebendigen Weben und Leben, in ihrer Sphärenharmonie, soll dieser Bau gestaltet sein. Das ist ja auch dasjenige, was man bei der Eurythmie anstreben möchte, daß nicht ein Einschlafen in den Eurythmieformen eintritt, daß ein größeres Wachsein im eurythmischen Wirken stattfinde, als es im gewöhnlichen Leben ist, daß man niemals erfahren könnte, daß der Eurythmisierende unterliegt in dem Kampfe, den er zu führen hat gegenüber dem Schlaf des Lebens.

Wir fahren nun mit den Bildern wieder fort. Das ist also die Säule für sich, wobei Sie sehen, wie man, wenn man zu dem Vollkommeneren kommt, zu dem Einfacheren nach außen hin kommt (Abb. 39).

Das nächste Bild (Abb. 40):
Nun, hier sehen Sie die beiden letzten Säulen mit den darüber befindlichen Architraven. Alles ist einfach geworden; trotzdem es das Vollkommenste ist, ist alles einfach geworden. Sie sehen, das Merkwürdige an diesen Dingen ist das: durch den Einklang im künstlerischen Schaffen hier mit der Natur zeigt sich, daß auch andere Regelmäßigkeiten auftreten, die gar nicht beabsichtigt sind. Wenn Sie das Kapitell der ersten Säule nehmen, so können Sie dasjenige, was dort konvex ist, in die konkave Form der letzten Säule hineinlegen, und umgekehrt. Das ist nicht beabsichtigt. Das ist etwas, was sich von selber ergeben hat. Die Konvexität der ersten Säule paßt in die Konkavität der siebenten, die Konvexität der dritten in die Konkavität

der fünften Säule, und das mittlere Kapitell steht für sich allein da. Das sind Dinge, die sich ergeben, wie in der Natur sich gewisse Realitäten ergeben, die einfach in der fortschreitenden Metamorphose liegen, die gar nicht beabsichtigt zu sein brauchen, die aber sich ausnehmen wie eine Art Experimentum crucis, die einen selber erst zuletzt überfallen, wenn man so schafft, wie die Natur selber schafft.

Das nächste Bild (Abb. 41):
Hier sehen Sie also die vollkommenste, aber scheinbar auch wieder ganz einfache Säule.

Wir wollen nun die sieben Säulen aufeinanderfolgen lassen, so daß das Auge verfolgen kann, wie eine Form sich metamorphosisch aus der anderen Form ergibt, vom Einfachen, Unvollkommenen zu dem kompliziertesten Mittleren, dann wiederum zum Einfacheren, Vollkommeneren (Abb. 29 bis 41).

Erste Säule: Sie brauchen sich nur nach den Wachstumsprinzipien umgestaltet zu denken die Form, so bekommen Sie die nächste zweite Säule, ebenso die dritte Säule, vierte Säule, fünfte Säule, sechste Säule, und die letzte.

Das nächste Bild (Abb. 42):
Sie sehen hier die letzte Säule und die Stelle, wo übergeht der große Kuppelraum in den kleinen Kuppelraum, so daß Sie hier einen Blick auf den Zusammenschluß der zwei Kuppelräume haben, wo der Architrav des großen Kuppelraumes in den Architrav des kleinen Kuppelraumes übergeht, getrennt nur durch den Spalt, in dem der Vorhang eingefügt werden wird.

Der kleine Kuppelraum ist ebenso mit Säulen und Architraven ausgestattet, von denen ich nur ein weniges Ihnen zeigen kann. Wir haben keine guten Photographien von den anderen bekommen. Aber diesen Anschluß werden wir in dem nächsten Bilde noch einmal sehen.

Das nächste Bild (Abb. 50):
Sie sehen hier diesen Anschluß noch einmal abgebildet, wo der eine Kuppelraum in den anderen übergeht.

Das nächste Bild (Abb. 51):
Und jetzt habe ich nur noch ein Stück von Säulen und Architraven

der kleinen Kuppel. Hier sehen Sie Säulen und Architravgebilde aus dem kleinen Kuppelraum.

Und nunmehr werden Sie ein Stück desjenigen Teiles bekommen, der gerade im Osten als Architravraum in der Mitte der kleinen Kuppel ist (Abb. 53). Sie sehen hier ein Stück desjenigen, was in der Mitte ist; darunter wird dann die Gruppe stehen, der Menschheitsrepräsentant mit Ahriman und Luzifer in seiner Umgebung. Darüber ist dasselbe im Bilde.

Sie werden sehen, wenn Sie im kleinen Kuppelraum selber dieses Stück, von dem hier wiederum nur ein Teil abgebildet ist, verfolgen, daß in den Formen dieses Architravs zusammengefaßt ist wie in einer Synthese alles dasjenige, was sonst an Formen verteilt ist auf die Kapitelle und Architrave des kleinen Kuppelraumes überhaupt. Dies ist hier eine Zusammenfassung von alledem, was in dem kleinen Kuppelraum an den Kapitellen und Architraven vorhanden ist. Hier findet sich alles noch einmal, selbstverständlich umgestaltet, in Metamorphose für den Ort, an dem es sich befindet. Sie werden überhaupt finden, wenn Sie vergleichen dasjenige, was Ihnen in Form der Hauptgruppe – Menschheitsrepräsentant, Luzifer und Ahriman – entgegentreten wird mit all den verschiedenen Kurven und Formen und Flächen, die verteilt sind auf Kapitelle und Architrave, daß der ganze Bau auseinandergelegt diese Mittelgruppe ist in einer gewissen Weise, so daß man auch diese Mittelpunktsgruppe wiederum als eine synthetische Zusammenfassung des ganzen Baues auffassen kann, wie zum Beispiel das menschliche Haupt auch eine Wiederholung des ganzen übrigen Organismus ist, oder namentlich der menschliche Kehlkopf und seine Nachbarorgane eine organische Wiederholung des ganzen Menschen sind, nur eben für ihren *Ort* in entsprechender Weise mit innerer organischer Notwendigkeit gebildet. So kann eben dieser Bau nur als ein Ganzes überhaupt verstanden werden, und jede Einzelheit ist nicht für sich, sondern als ein Glied des Ganzen aufzufassen.

Ich mache Sie darauf aufmerksam, wie, ich möchte sagen, schon mehr physisch diese Wandbehandlung in den Glasfenstern zum Ausdrucke kommt, die ich Ihnen hier nicht in Reproduktion zeigen kann. Die Glasfenster als solche sind ja erst Kunstwerke, wenn das Sonnenlicht durchscheint, sonst sind sie eine Art Partitur. Da sehen Sie aber, daß bei diesen Glasfenstern – über die ich vielleicht auch noch ausführlicher sprechen werde, aber ich kann sie Ihnen nicht zeigen –, unmittelbar das sich zeigt, daß der Bau gar nicht für sich dasteht, sondern daß das äußere Sonnenlicht mit dem Bau als eine Einheit gedacht ist. Und so ist auch alles in den Formen mit den inneren Bewegungs- und Wirkungskräften der ganzen Welt als eine Einheit gedacht. Der Bau ist nur gleichsam ein Stück, aus der ganzen Welt herausgeschnitten.

Das nächste Bild (Abb. 99):
Dieses Bild stellt Ihnen dar das Portal unseres Glashauses unten. Sie können daran studieren, wie versucht worden ist, bei alledem, was zu diesem Bau gehört, in den Bauformen zum Ausdrucke zu bringen dasjenige, was ich in mehrfacher Weise angedeutet habe. Es ist ja auch dieses Glashaus unten – Glashaus nenne ich es, weil es eigentlich eingerichtet worden ist, damit die Glasfenster dort geschliffen werden können –, es ist dieses Glashaus auch ein Doppelkuppelbau (Abb. 98). Und er ist eigentlich eine Metamorphose des großen Kuppelbaues. Sie können sich einfach dadurch, daß Sie die beiden Kuppeln gleich groß denken, sie sich auseinandergezerrt denken. Man könnte nicht zwei gleich große Kuppeln in derselben Weise zusammenfügen wie die große und die kleine; das würde unorganisch sein. Wenn man Kuppeln so zusammenfügt, wie sie am großen Bau sind, muß man sie in verschiedener Größe machen; die eine muß groß, die andere kleiner sein. Sind sie gleich, so muß man sie auseinanderzerren; und das ganze übrige muß dann dem angepaßt sein.

Sie sehen an der Stufenverteilung der Treppen und so weiter überall, wie mit Notwendigkeit jede einzelne Form an ihrem Orte gedacht ist, wie alles Einzelne aus dem Ganzen sich ergeben soll.

Das nächste Bild (Abb. 100):
Hier sehen Sie dasjenige, was der Horror einer großen Anzahl Menschen ist. Es ist das Haus, in dem die Beleuchtungsanlagen und Beheizungskörper drinnen sein sollen. Wenn Sie mich fragen, nach welchem Prinzipe dieses Gebäude ausgestaltet ist, so kann ich sagen: Es

ist durchaus das Schaffensprinzip der Natur nachgebildet, nachgebildet so, wie Sie es studieren können, wenn Sie zum Beispiel die Nußschale mit der Nußfrucht im Einklange studieren. Nicht wahr, die Nußfrucht hat bestimmte Formen. Die Nußschale paßt sich genau dem an, was die Nußfrucht ist. Die Nußschale kann nicht anders sein als sie ist, wenn die Nußfrucht eben eine gewisse Form hat, die sie aus anderen Gründen haben muß. *Formt* man ein solches Gebäude, so hat man zunächst darauf Rücksicht zu nehmen: Was ist da drinnen? Wozu dient das, was da drinnen ist? Dies ist ja ein reiner Utilitätsbau. Es handelt sich also darum, daß man den Gedanken faßt, was da drinnen ist und wie das wirkt, was darinnen ist, wie das sich betätigt. Das ist die Nuß. Dann handelt es sich darum, um diese Nuß die entsprechende Schale herum zu gestalten. Zu der „Nuß" gehört natürlich auch der Rauch, der nach oben heraus geht, wie diese Hausform überhaupt erst fertig ist, wenn der Rauch oben heraus geht. Es ist das Kunstwerk erst da, wenn dieser Schornstein raucht. Dann wird man aber auch erst die Notwendigkeit dieser Ausweitungen empfinden. Man wird nicht nachdenken, ob das Pflanzenblätter oder dergleichen sind, sondern wird in die Form sich hineinfühlen und diese Form in ihrer Notwendigkeit mit dem Rauch empfinden. Da der Rauch aber mit dem Gebäude im organischen Zusammenhang ist, mit dem, was drinnen ist, drinnen geschieht, so wird man auch diese Ausbauchungen in entsprechender Weise empfinden. Die Leute sollten bedenken, was da stehen würde, wenn nicht versucht worden wäre, diese Form zu bilden. Ich will natürlich zugeben, daß man solche Dinge weiter ausbilden könnte. Zunächst mußte ein Anfang gemacht werden, es kann es ja jeder vollkommener machen. Es mußte aber ein Anfang gemacht werden, erstens einen solchen Utilitätsbau einmal zu gestalten nach solchen inneren Schaffensprinzipien, zweitens, mit Rücksicht auf das modernste Material, den Beton. Jedes Material fordert seine bestimmten Bauprinzipien. Wenn man in einem bestimmten Material baut, so muß man nach ganz bestimmten Prinzipien, die mit der Natur des Materials zusammenhängen, bauen. Der Baugedanke muß ebenso die Utilitätsgedanken zum Ausdrucke bringen, wie auch die Anforderungen des Materials.

Es ist nicht zu verwundern, daß diese Dinge, die alle mehr oder weniger neu sind, von manchen Menschen abgelehnt werden. Außenstehende können sich in diese Dinge nicht so leicht hineinfinden, aber es geht nach und nach, und wird nach und nach gehen. Alles dasjenige, was in dieser Weise in die Welt eingetreten ist, das hat ja zuerst den schärfsten Widerspruch erfahren. Aber immer muß man doch in Rechnung ziehen, daß man gerade gegenüber dem, was in der Gegenwart wirkt, wirklich eigentlich nicht schlafen sollte. Das wäre schon notwendig, daß ein gewisses energisches Eintreten für das Sachliche bei uns Platz greifen könnte. Ohne dieses energische Eintreten, wenn auch nicht allzu vieler Personen, die mit wirklichem inneren Verständnis die Dinge verfolgen können, wird es lange nicht gehen; denn Sie sehen ja, wie die Dinge gehen. Wir werden morgen Gelegenheit nehmen, wo wir dann über das Ausmalen der Kuppelräume sprechen werden, noch von mancherlei an und in dem Bau zu sprechen. In Anknüpfung an das Besprochene möchte ich nur sagen: Sie sehen schon aus alledem, was vorgebracht worden ist, inwiefern das gilt, daß dieser Bau, der ein Repräsentant sein soll unseres anthroposophisch orientierten Weltanschauungswirkens, in jeder Einzelheit aus dieser Weltanschauung herausgeboren ist. Könnte das in der Welt in entsprechend eindringlicher Weise geltend gemacht werden, dann würde damit schon etwas gewonnen sein. Denn Sie sehen ja, meine lieben Freunde, mit denjenigen Auffassungen der Sache, mit denen viele glaubten auszukommen in den vergangenen Jahren, ist nicht weiter auszukommen. Ich habe Ihnen vor acht Tagen eine Probe gegeben, mit welchen unsauberen, lügnerischen Mitteln gewirkt wird. Warum wird denn mit solchen lügnerischen Mitteln gewirkt? Ich garantiere Ihnen dafür, daß das erst der Anfang des Wirkens ist; es wird noch viel mehr gelogen werden. Aber ich konnte Ihnen zeigen, daß man diese Lügen zuerst systematisch verbreitet und dann dasjenige, was man selber erst verbreitet hat, aufgreift. Mit dieser systematischen Art wird man fortfahren. Ich weiß, wie viele Personen in unserer Gesellschaft sind, die nicht daran glauben wollen, wie versumpft heute die Moralität der Welt ist. Aber es ist notwendig, daß man diesen Dingen gegenüber nicht schläft. Denn bedenken Sie eben das Zweifache: Die Intensität des Kampfes rührt davon her, daß die Leute fühlen: Hier ist Realität, die wollen wir nicht aufkommen lassen. – Mit Programmen, mit denen sonst gearbeitet wird, machen sich die Leute nicht so viel Mühe in der Verleumdung. Aber mit dem, was aus realen Kräften heraus wirkt, mit dem machen sie sich die Mühe der Verleumdung. Weil verspürt wird, daß hier *Zukunft* ist, verleumdet man, lügt man. Aber es handelt sich darum, daß man nicht glaube, man könne die Lügner bekehren. Die wollen ja nicht bekehrt sein, die wollen ja nicht die Wirklichkeit hören. Es handelt sich darum, daß man zu den noch nicht verlogenen Menschen geht und diejenigen in der richtigen Weise vor sie hinstellt, die in dieser Weise lügen. Diejenigen tun uns die schlechtesten Dienste, welche glauben, mit Argumenten, mit Beweisen lasse sich zum Beispiel gegen dasjenige aufkommen, was die katholische Kirche jetzt verbreitet. Die solches verbreiten, denen handelt es sich nicht darum, irgendwelche Wahrheiten zu sagen, denen handelt es sich um Stimmungmachen. Und hält man ihnen die Wahrheit entgegen, so ist ihnen das höchst gleichgültig, so lügen sie eben noch stärker. Aber das muß man durchschauen, muß sich danach richten. Denn nicht um diejenigen, die lügen, zu überzeugen kann es sich handeln, sondern darum kann es sich nur handeln, daß man der noch unbestochenen Welt gegenüber zeigt, wie die Unwahrheiten und die Verleumdungen gesagt werden.

Ich muß immer wiederum erstaunt sein – ich mußte das schon oft und oft sagen –, daß innerhalb unserer Gesellschaft auch die Tendenz, die verderbliche Tendenz auftritt, sich zu befassen mit denen, die verleumden und lügen, und direkt an sie heranzutreten, während man die Aufgabe hat, der Welt zu sagen, was das für Menschen sind. Wenn wir das nicht durchschauen, kommen wir nicht weiter. Denn dasjenige, was uns insbesondere hier in der Umgebung dieses Baues obliegt, das ist, daß wir sachlich werden, daß wir Interesse gewinnen für das große Sachliche, und daß wir uns erheben namentlich hier über das Cliquenhafte und Persönliche, über dasjenige, was im Alltäglichen aufgeht. Wenn wir nicht sachlich werden können mit Bezug auf dasjenige, was von diesem Bau ausgehen soll, dann wird es der

Bewegung wirklich nicht gut gehen können. Wir müssen das Persönliche überwinden. Wir müssen uns in die großen Interessen der Welt hineinfinden können. Und in jeder seiner einzelnen Formen ist dieser Bau eine Aufforderung dazu, abzusehen von dem eng Persönlichen und sich hineinzufinden in die großen Interessen der Welt. Denn eigentlich spricht jede einzelne Form von dem, was der Menschheit in der Zukunft notwendig ist. Sehen Sie sich all die Schimpfereien an, die in der Welt figurieren –, finden Sie darinnen irgend etwas, was auf unsere Sache bezüglich ist? Die Leute können eben nichts gegen die Sache sagen, daher werden sie persönlich. Daher suchen sie aus persönlichen Verleumdungen her das Verderben dieser Weltanschauungsbewegung herbeizuführen. Schlimm würde es sein, wenn wir in diesen Dingen nicht ordentlich die Sache durchschauen könnten und aufmerksam sein auf das, was um uns herum sich geltend macht.

Morgen wollen wir die Bilder der Kuppel betrachten.

DRITTER VORTRAG

Dornach, 25. Januar 1920

Indem wir heute vorrücken zu der Malerei der kleinen Kuppel – die Photographien der Malereien der großen Kuppel wurden nicht so, daß sie zunächst zu Lichtbildern verarbeitet werden konnten –, bin ich allerdings in einer eigentümlichen Lage. Und in dieser Lage wird jeder sein, der aus den Nachbildungen wird beim breiteren Publikum, das zunächst die Sache hier nicht sieht, eine Vorstellung hervorrufen wollen von dem, was mit der Malerei dieser Kuppel gemeint ist. Denn es handelt sich dabei darum, daß jener malerische Gesichtspunkt, der in meinem Mysterium „Die Pforte der Einweihung" erwähnt ist: herauszuholen das Malerische, die Form, ganz aus der Farbe –, daß dieser Gesichtspunkt bei der Malerei der kleinen Kuppel, soweit es eben – auch da ist alles im Anfänglichen natürlich stecken geblieben – möglich war, wirklich geltend gemacht worden ist.

Die Form als ein Geschöpf der Farbe erscheinen zu lassen, das ist dasjenige, was hier hat durchgeführt werden wollen. Man wird, wenn man die Geschichte der Malerei verfolgt, finden, wie dieser Grundsatz, alles Malerische aus der Farbe hervorzuholen, im Grunde genommen jetzt erst im Anfange seiner Durchführung stehen kann. Das Malerische wurde ja, weil es ganz besonders dazu verführt, auch in Glanzperioden der Malerei, in dem Ausdrucke, in der Wiedergabe, in der naturalistischen Wiedergabe irgendwelcher Motive gesucht. Wenn man allerdings zugeben muß – und wer wollte das nicht zugeben gegenüber Raffaelschen, Leonardoschen, Michelangeloschen und so weiter Schöpfungen –, daß ein höchstes Malerisches auf diese Weise erreichbar ist, indem man nach Ausdruck strebt, wenn man auch zugeben muß, daß die ganze neuere Weltanschauung, die ungeistig ist, kaum etwas anderes tun konnte, als irgendwie nach Ausdruck streben, so muß doch jetzt, da gesucht werden muß nach einer

Vergeistigung unserer Weltanschauung, ein anderer Grundsatz, eine andere künstlerische Gesinnung gerade im Malerischen sich auch Geltung verschaffen können. Zugeben wird diese künstlerische Gesinnung allerdings nur derjenige, welcher eine Ahnung davon hat, daß in der Welt ein jedes Element gewissermaßen eine schöpferische Totalität darstellt. Wenn man richtig die Welt des Farbigen empfinden kann, so findet man in dem Farbigen durchaus etwas Weltschöpferisches. Derjenige, der sich versenken kann in die Welt des Farbigen, der wird zu dem Gefühl sich aufschwingen können, daß aus dieser geheimnisvollen Welt des Farbigen aufsproßt eine Wesenswelt, daß sich das Farbige selber durch seine in ihm liegenden Kräfte zu einer Wesenswelt hin entwickeln will. Ich möchte sagen: So wie man sehen kann im kleinen Kinde in der Anlage den erwachsenen Menschen, so kann man eine Wesenswelt in der Anlage sehen, wenn man die Welt des Farbigen richtig empfindet.

Allerdings handelt es sich dann darum, daß man nicht bloß eine Empfindung hat für die *einzelne* Farbe. Die einzelne Farbe wird in der Regel nur ein Verhältnis begründen zwischen dem Menschen und dem Farbigen als solchem. *Blau* sehen heißt, den Drang, die Sehnsucht empfinden, mitzugehen mit dem Raum, in dem sich die Farbe zeigt, zu folgen der Farbe. *Rot* angesehen ruft die Empfindung hervor, daß man angegriffen wird, daß man sich gegen etwas zu verteidigen hat. So die anderen Farben. Auch haben die Farben gewisse Verwandtschaft mit demjenigen, was in den Farben geformt werden kann, wenn man die Form aus der Farbe herausholen kann. Das Blau zum Beispiel wird einem immer helfen, wenn man Bewegung ausdrücken will; das Rot wird einem immer helfen, wenn man Physiognomie ausdrücken will. Aber es kommt bei dem, was ich hier meine, viel weniger auf die einzelne Farbe an als auf dasjenige, was die Farben zueinander zu sagen haben, was das Rot zum Blau, das Grün zum Blau, das Grün zum Rot, das Orange zum Lila und so weiter zu sagen hat. In diesem, ich möchte sagen, Wechselgespräch und Wechselkräftewirken der Farben drückt sich eine ganze Welt aus. Und derjenige empfindet dieses Wechselgespräch und Wechselkräftespiel der Farben nicht vollständig, der nicht die Farben wie Meereswogen, die sich erheben und senken, zu empfinden vermag, und spielend auf diesen Farbenwogen, aber geboren werdend zu gleicher Zeit aus den Farbenwogen heraus empfindet die Elementarwesen, die sich ganz von selbst aus diesem Farbenwogen heraus in ihrer Gestaltung entwickeln.

So handelt es sich darum, das Geheimnis zu entdecken, malerisch, aus den Farben heraus der Natur nachzuschaffen. Denn ein großer Teil des Wesenhaften, das wir überschauen, ist eben durchaus aus der schöpferischen Farbenwelt geboren. Wie die Vegetation aus dem Meere aufsproßt, so wächst das Lebendige aus der Farbenwelt heraus.

Es ist in unserer Zeit, ich möchte sagen fast jämmerlich zu sehen, wie diejenigen, die künstlerisches Empfinden im Leibe haben, wirklich fühlen, daß die alten Formen des Künstlerischen bei einem – Bankerott angekommen sind, daß man da nicht mehr weiter kann, und wie trotzdem die Welt nicht mit will in dem Impuls, der nur gegeben werden kann durch das anthroposophische Erfassen der Welt. Allerdings muß dann dieses anthroposophische Erfassen der Welt auf etwas anderes gehen als auf ein bloßes abstraktes begriffsmäßig Ideelles. Es muß auf Anschauung gehen. Man muß ebenso denken können in Farben, in Formen, wie man denken kann in Begriffen, in Gedanken. Man muß leben können in Farben, in Formen.

Wenn unser Bau das sein soll, was mit ihm beabsichtigt ist, dann muß sich gewissermaßen in ihm als in einem Organischen das Geistige, das Seelische, das Physische zum Ausdrucke bringen. Das Geistige ist wesentlich in den Formen der Säulen, der Architrave, der Kapitelle und so weiter zum Ausdrucke gekommen. Darinnen ist der aus sich selbst Form herausgestaltende Geist wiedergegeben. Das Seelische wird zum Beispiel in den Glasfenstern seine Offenbarung finden. In diesem Zusammenspiel des äußeren Lichtes mit demjenigen, was in die farbigen Glastafeln hineingraviert ist, wird sich das Spiel des Seelischen ahnen lassen. Und das Physische, das wird sich ahnen lassen in seiner eigentlichen Gestaltung, wenn man den richtigen Blick hat für dasjenige, was in den Kuppeln gemalt ist. Es bringt die Kuppelmalerei gewissermaßen das Physisch-Körperliche zum Ausdrucke. Es ist natürlich, daß bei der Anordnung des Baues, der hinstrebt nach dem Verständnisse der Welt, gewissermaßen eine umgekehrte Ordnung ist als beim gewöhnlichen Erfassen der drei Weltglieder. Die ergibt sich von selbst gegenüber dem, was man gewöhnlich vorstellt, wo man sich das Geistige oben, das Physische unten vorstellt. Bei dem, was als Strebenskräfte im Bau durch das ganze Künstlerische des Baues in der Menschenseele sich entwickeln soll, muß ein umgekehrtes Verhältnis da sein.

Aber gerade dieses Schaffen aus den Farben heraus kann ich Ihnen natürlich in Lichtbildern nicht zeigen, und daher empfangen wir bei den Lichtbildern gewissermaßen nur dasjenige, was nicht eigentlich im wesentlichen gemeint ist, wenn von der Kuppelmalerei die Rede ist. Wir empfangen gewissermaßen die unkünstlerischen Grundlagen desjenigen, was künstlerisch gemeint ist. Aber das geht ja natürlich nicht anders, und zu hoffen wird sein, daß diejenigen, welche diese Lichtbilder vom Farbigen sehen, es den Bildern selber ansehen, daß sie gewissermaßen nach etwas anderem *schreien,* daß sie nicht dasjenige eigentlich zum Ausdrucke bringen, was *da* sein will. Man wird etwa, wenn man richtig empfindet, diesen Lichtbildern des Farbigen gegenüber sich sagen müssen: Ja, was da in diesen Lichtbildern vorliegt, das will eigentlich in einer ganz anderen Sprache zu uns reden. Und dann wird man schon hingelenkt werden darauf, den Bau selbst in seiner ursprünglichen Gestaltung zu sehen. Es wird das als eine Sehnsucht für denjenigen, der künstlerisches Empfinden hat, aus dem Anschauen dieser Lichtbilder hervorgehen. Deshalb glaube ich nicht, daß es ganz unnötig ist, auch *diese* Lichtbilder vorzuführen.

Wir beginnen da, wo man als erstes an der Wandfläche der kleinen Kuppel eine Art fliegendes Kind hat, unmittelbar anschließend an die Grenze zwischen der großen und der kleinen Kuppel (Abb. 68). Sie sehen, dieses fliegende Kind, das gehört kompositionell zu demjenigen, was hier, von Ihnen links, darauf stößt. Das Kompositionelle ist natürlich ganz aus dem Farbigen herausgeholt; aber es bildet doch auch ein Moment in der Gestaltung dieser kleinen Kuppel. Und Sie werden die ganze Gestaltung dieses Kindes hier begreifen, wenn Sie die zwei angrenzenden Gestalten ins Auge fassen.

Wir werden das nächste Bild jetzt einstellen (Abb. 66):
Sie sehen hier eine Art Faust-Figur. Wir werden in das Mittelalter, in diejenige Zeit hineingestellt, wo gerade unser 5. nachatlantisches Zeitalter aufgeht. Es ist das einzige mit Buchstaben geschriebene Wort, das Sie hier als *ICH* finden. Im ganzen Bau finden Sie sonst nichts irgendwie berechtigt mit Buchstaben hingeschrieben. Die abstrakte Art der Darstellung des Wortes, dieses Fundamentalwortes ICH hat hier insoferne seine Berechtigung, als mit dem Aufgehen der 5. nachatlantischen Kulturperiode, in der wir drinnen stehen im 15. Jahrhundert, die sich dann weiter entwickelte eben in der Faust-Zeit, im 16. Jahrhundert, das Unanschauliche auftritt, dasjenige, was sich ausdrückt durch das bloße Zeichen, durch dasjenige, was sich ganz loslöst von der Realität. Was dem eigentlichen Ichwesen des Menschen zugrunde liegt, das wird ja gegenwärtig eigentlich noch nicht erfaßt. Wir haben es in der allgemeinen geistigen Menschheitskultur noch nicht einmal zum *Bilde* des Ich gebracht. Denn wenn der Mensch Ich ausspricht, so hat er eigentlich nur einen abstrakten Punkt im Sinne. Und deshalb hat es hier seine Berechtigung, das ganz unreale Bezeichnen des Ich durch Buchstaben einzuführen. Gerade in der Nähe der Faust-Figur hat das natürlich seine Berechtigung.

Bitte, legen Sie keinen besonderen Wert darauf, daß ich sage Faust-Figur. Es handelt sich darum, daß in dem ganzen Kompositionellen dieser Figur sich ausdrückt das, was der Zeitgeist eben gerade in dieser Epoche in einem suchenden Menschen zum Vorschein bringt. Sie sehen das ausgedrückt vor allen Dingen im Auge, in der Miene, in der Handhaltung. Sie sehen es ausgedrückt in der ganzen Geste, die diese Figur hat. Daß sie an Faust erinnert, das ist, ich möchte sagen, etwas ganz Zufälliges. Es ist *der* Mensch, der innerhalb des 5. nachatlantischen Zeitraumes wirklich sucht, wie man in unserem Zeitalter sucht. Das, was da eigentlich bei diesem Suchen als die Grundempfindung immer auftritt, das ist noch wenigen Menschen zum Bewußtsein gekommen. Wir haben es seit dem 15. Jahrhundert immer mehr und mehr gebracht zu einer Art Weltanschauung des

Toten, zu einer Weltanschauung, welche nicht imstande ist, das Lebendige zu durchdringen. Das hängt zusammen mit der ganzen Erziehung, welche die Menschheit in dem Beginne dieses 5. nachatlantischen Zeitraumes durchmachen soll. Die Menschheit soll dahin kommen, innere Freiheitskraft zu entwickeln, Selbstbewußtsein zu entwickeln. Das kann sie nur, wenn sie sich von der Natur losreißt. Aber von der Natur losreißen heißt, sich zusammenschmieden mit den Kräften, die erkennend allein das Tote auffassen. Alle unsere Begriffe, alle unsere Vorstellungen, die heute die eigentlichen Zivilisationsvorstellungen sind, gehen auf das Tote. Und derjenige, der heute nicht selbst tot wird, wie die meisten Gelehrten allerdings seelisch sind, derjenige, der heute nicht selbst tot wird bei seinem Suchen, der empfindet in dem Suchen dieser Prinzipien zwar ein Hinneigen zu dem, was den Menschen frei macht, aber zugleich, ich möchte sagen, den Abgrund des Toten. Er hat immerfort das Gefühl: Du machst dich zwar frei, aber du kommst dadurch in die Nähe des Todes. – Deshalb mußte kompositionell in die Nähe dieser Faust-Figur der Tod gebracht werden.

Nächstes Bild (Abb. 67):

Das ist darunter. So sehen Sie also das: der *suchende* Mensch, der heute unter dem Eindrucke, unter dem Gefühlseindrucke des Todes steht, des Todes, der immer begleitet gerade die wichtigsten Ideale des Erkenntnissuchens. Für eine empfindende Seele würde das unerträglich sein: oben eine Art Faust-Figur, unten den Tod zu haben, und kompositionell kein Gegenbild. Daher, bevor man zu dieser Komposition Faust und Tod kommt, dieses fliegende Kind, das gewissermaßen den Gegensatz darstellt in der Empfindung des Todes. So ist diese Dreiheit zu fassen: Tod, suchender Mensch, das junge, vollebendige Kind. Damit ist gewissermaßen dasjenige in diese kleine Kuppel hineingemalt, was die Initiation der 5. nachatlantischen Zeit darstellen kann. Die Initiationsweisheit der 5. nachatlantischen Zeit ist nämlich nicht zu erringen, ohne daß man gewissermaßen immer das volle Bewußtsein von der Bedeutung des Todes nicht nur im Menschenleben, sondern im Leben der ganzen Welt neben sich hat. Wir haben ja die Kraft unseres Denkens dadurch, daß wir die Todeskraft fortwährend in unserem Haupte tragen. Würden diejenigen Kräfte, die zum Behufe unseres Denkens in unserem Haupte tätig sind, unseren ganzen Organismus durchdringen, so könnten wir nicht leben. Wir würden fortwährend sterben. Wir leben nur dadurch, daß die Sterbetendenz unseres Hauptes fortwährend ausgeglichen wird durch die Lebenstendenz unseres übrigen Organismus. Das ist, ich möchte sagen, kurz und leicht ausgesprochen im Abstrakten das Gesetz unserer Zeit. Wenn ich Ihnen das so sage, so kann ich begreifen, daß es nicht besonders tief in Ihre Herzen, in Ihre Seelen hineindringt. Es durchlebt haben, das bedeutet aber etwas Ungeheures, meine lieben Freunde; durchlebt haben jenen Impuls, der bei jedem Erkenntnisstreben sagt: Dasjenige, was du dir für die Gegenwart an Erkenntnis aneignen kannst, das verdankst du dem immer mehr und mehr in das Erdenleben hereindringenden Tod. Erst wenn dieses erst im Anfange seines Werdens liegende Initiationsprinzip, die Macht des Todes, immer weiter und weiter sich ausbreiten wird und erzeugen wird die lebendige Sehnsucht der neueren, der zukünftigen Menschheit nach dem ausgleichenden Geiste, nach einer Jugend, die schon Jupiter-, die nicht mehr Erdenjugend ist, die schon die Jugend der nächsten planetarischen Verkörperung der Erde ist, dann wird einziehen dasjenige, was eigentlich einziehen soll in das Erdenleben der Menschheit.

Das nächste Bild (Abb. 72):

Wir gehen dann zurück zu dem, was malerisch ausdrücken kann die 4. nachatlantische Kulturperiode. Eine Art Gestalt wurde hier gegeben unter den Malereien der kleinen Kuppel, welche in ihrer ganzen Formung – Sie werden das besonders empfinden, wenn Sie sich die Farbengebung dieser Gestalt in der kleinen Kuppel ansehen –, durch ihr ganzes Wesen das Hereinleuchten der geistigen Welt während der 4. nachatlantischen Periode in das Menschenwesen kennzeichnet so, wie es in der 4. nachatlantischen Kulturperiode sein mußte. Über dieser Gestalt finden Sie dann die Inspiratoren, für die ich keine Lichtbilder haben konnte nach den Photographien. Immer finden Sie hier über den entsprechenden Gestalten die Inspiratoren, nur daß bei der 5. nachatlantischen Kulturperiode der Tod selbst, der von unten nach oben an den Menschen herantritt, der eigentliche Inspirator ist.

Hier werden Sie nach oben eine Art Gott, eine apolloartige Gestalt finden als Inspirator. Dasjenige, was durch die Inspiration in eine Menschengestalt der 4. nachatlantischen Kulturperiode hineinkommen kann, das kommt in diese Gestalt hinein. Und so sehen Sie tatsächlich die Menschheitsgeschichte in ihrem inneren, seelischen Verlauf in dieser kleinen Kuppel gemalt. Natürlich müssen Sie absehen von allem Unkünstlerischen. Wenn man solch eine Gestalt malerisch auf die Fläche bringen will, dann hat man nichts von dem in seiner Seele präsent, was zu der Frage führen könnte: Was bedeutet dies oder jenes? – Der unkünstlerische Mensch wird vor diese Gestalt treten und sagen: Was bedeuten die zwei oder drei Köpfe, die da links sind von der Hauptgestalt? – Das ist eben eine unkünstlerische Frage, das ist eine Frage, die derjenige, der das malt, am allerwenigsten wird beantworten wollen, aus dem Grunde, weil ihm, der Gesichter malerisch zu gestalten hat, sie einfach räumlich als Gestalten in die Anschauung hineintreten. Er empfindet nicht irgend etwas, was man mit der Frage: Was bedeutet das? – treffen kann, sondern er empfindet eine Notwendigkeit aus den schaffenden Weltenkräften heraus, einer Gestalt, die in der Weise inspiriert ist wie diese, beizugeben in der Umgebung dasjenige, was auch wiederum wie durch Menschengestalten ausgedrückt werden muß.

Ich sprach von den in der Farbenwelt selbst liegenden *schöpferischen* Kräften. Gegenwärtig hat man, wenn man Malerisches betrachtet, eigentlich immer das Abbildliche im Sinn. Das ist gerade dasjenige, was wird überwunden werden müssen. Es werden viel elementarere Empfindungen die künstlerische Seele ergreifen müssen. Ich will mich noch etwas deutlicher ausdrücken über das, was ich zu sagen habe: Nehmen Sie einmal an, ich mache hier einen einfachen Farbenfleck, einen gelben Farbenfleck, und gliedere an diesen gelben Farbenfleck hier blau an (s. Zeichnung). Derjenige, der das Farbige wirklich empfindet als Lebendiges, der kann gar nicht anders, als, indem er so etwas empfindet, einen gelben Farbenfleck mit einer blauen Umrandung, ein Haupt im Profil sehen.

Das folgt ganz von selbst für den, der das Leben der Farben in sich trägt. Bloß zwei Farbenflecke sind für den, der das *Schöpferische* der Farbe hat, dasjenige, was zu gleicher Zeit zum Erleben des Wesenhaften führt. Und nicht dadurch kann man, sagen wir, farbengemäß ein Gesicht malen, daß man sagt: Ich habe ein Gesicht gesehen, – oder gar: Ich habe ein Modell und nach diesem Modell gestalte ich mir das Gesicht und dann ist es ähnlich. – Nicht so wird in der Zukunft gemalt werden, sondern es wird das Farbige erlebt werden, und ganz abgesehen von allem Naturalistischen, von allem Nachbilden, wird aus der Farbe selbst herausgeholt werden dasjenige, was in ihr schon liegt, was man mit Notwendigkeit aus ihr herausholen *muß,* wenn man ein lebendiges Miterleben mit dem Leben der Farbe selber hat.

Wir gehen jetzt zum nächsten Bild (Abb. 69):
Hier finden Sie nun eine Zusammenstellung desjenigen, was Sie früher einzeln gesehen haben: hier oben das fliegende Kind, diese Figur des 16. Jahrhunderts, unten den Tod, das weitere weniger deutlich. Sie sehen hier oben den Inspirator für die Figur, Sie erkennen ihn gerade noch, die Sie eben hier auf der Tafel gesehen haben, die hier sehr undeutlich ist (Abb. 70). Es ist natürlich schwer, die Dinge, die eigentlich nur so in den Farben hingehaucht sind über die Wand, in dieser groben Weise des Bildes, des farblosen Bildes, wieder-

zugeben. Manches kann ja natürlich nur, ich möchte sagen, wie eine Beschreibung desjenigen aufgefaßt werden, was eigentlich gemeint ist.

Das nächste Bild (Abb. 73):
Sie sehen hier die inspirierenden Gestalten der 3. nachatlantischen Kulturperiode, welche aus der Geistwelt heraus diejenige Gestalt inspirieren, die nun auf dem nächsten Bilde erscheinen wird.

Nächstes Bild (Abb. 74):
Wir haben hier inspiriert von den vorigen Gestalten den Initiaten aus der 3. nachatlantischen Kulturperiode.

Es ist also *seelisch* in diese kleine Kuppel die wirkliche Entwickelung der Menschheit hineingemalt, allerdings nicht zeitlich, das werden Sie gleich sehen, sondern innerlich. Denn wir gehen jetzt nicht zurück bloß etwa zur früheren zweiten nachatlantischen Kulturperiode, sondern wir gehen zurück allerdings zu dem persischen Initiationsprinzip, das aber sich weiter entwickelt, das das urpersische Initiationsprinzip war, das aber auch das germanische Initiationsprinzip ist. So daß wir, indem wir zum nächsten Bilde gehen, das germanische Initiationsprinzip haben. Dieses germanisch-persische Initiationsprinzip beruht im Grunde genommen auf dem Dualismus; und alles hängt davon ab, daß eingesehen werde, daß alle Initiation, welche die Kulturströmung umfaßt, die zeitlich ihren Anfang nahm in der urpersischen Kulturperiode, die ihre Fortsetzung erfuhr in der Goetheschen Zeitkultur, die geographisch von Vorderasien über das Schwarze Meer herüber, nordwärts vom Schwarzen Meer herüber nach Europa geht, daß diese Initiationsströmung durchaus ihr Heil darinnen suchen muß, genau zu erkennen, wie der Mensch drinnensteht in dem zu suchenden Gleichgewichtszustand zwischen Luzifer, den Sie hier rechts sehen (Abb. 75), und Ahriman, den Sie links sehen. Das ist das Wesentliche, daß man einsieht, daß diese Kulturströmung alle Kraft daraus gewinnen muß, den Gleichgewichtszustand zu finden zwischen dem Ahrimanischen und dem Luziferischen. Und versucht worden ist gerade in der Gestalt, die inspiriert wird von dem Ahrimanisch-Luziferischen selber, von demjenigen, was als untermenschlich Luziferisches hier rechts, Ahrimanisches hier links sich geltend macht, zu zeigen in Haltung, in der ganzen Physiognomie diejenige Geistigkeit, die gerade aus der wirklichen Erfassung dieses Dualismus, des Ahrimanisch-Luziferischen, zu dem der Mensch das Gleichgewicht suchen muß, erfließen muß. Daß Sie auch hier das Kind sehen, gewissermaßen getragen von dem Initiaten, das hat seine gute Begründung. Denn dasjenige, was in den Menschen hereinfließt aus dem Inspiriertwerden durch das duale Prinzip, das könnte nicht ertragen werden, es würde einen innerlich ertöten, wenn man nicht fortwährend den Blick hätte auf das Verjüngende, das Kindhafte. Wenn Sie es in der Kuppel sehen, so werden Sie bemerken, daß das gerade, was hier gemeint ist, sehr stark aus den Farben versucht worden ist, herauszuholen. Auch der Gegensatz des Luziferischen und Ahrimanischen ist aus den Farben versucht herauszuholen. Nur muß man nicht deuteln, sondern das Wesentliche in der künstlerischen Empfindung suchen.

Das nächste Bild (Abb. 76):
Hier sehen Sie Ahriman herausgestellt. Es sind nicht zwei Ahrimäner, sondern es ist Ahriman und sein Schatten. Ahriman geht nämlich nicht herum, ohne seinen fortwährenden Schatten bei sich zu haben. Ahriman selbst würde ein viel zu erstarrendes, verdorrendes Prinzip sein, wenn er in völliger Vollendung hier zum Beispiel erschiene. Man hat das notwendige Bedürfnis, seinen Schatten, der etwas seine Erstarrung mildert, neben ihm zu haben. Wenn Sie in der kleinen Kuppel die Farben studieren, so werden Sie sehen, daß in diesem Eigentümlichen des Dunklen der Farbe, des Bräunlich-Grauen, versucht worden ist, das Ahrimanisch-Erstarrende zum Ausdruck zu bringen; alles wurde versucht aus der Farbe herauszuholen.

Das nächste Bild (Abb. 77):
Hier sehen Sie das Luzifer-Motiv. Vollständig verstehen werden Sie das Ahrimanische und Luziferische nur, wenn Sie es im Zusammenhange erblicken. Wenn Sie bloß Ahriman und bloß Luzifer anschauen, so werden Sie eigentlich keinen recht verstehen; nur wenn Sie sie nebeneinander haben, weil eigentlich Ahriman und Luzifer im Weltenall so schaffen und so wirken, daß immer das-

jenige, was der eine bewirkt, aufgenommen wird, sich zunutze gemacht wird von dem anderen, und umgekehrt. So daß eigentlich auch ihre Gestaltung nur richtig verstanden werden kann, wenn man sie im lebendigen Zusammenhange erfaßt.

Was nun auf diese Weise inspiriert wird, das soll das nächste Bild zeigen (Abb. 78).

Ich hatte gehofft, in diesem Gesichte mit der entsprechenden Farbe, in der es ist, dasjenige auszudrücken, was ungefähr ausgedrückt werden kann in einer Gestalt, die unter dem Einflusse dieses dualen Prinzipes steht. Es ist diese innere Festigkeit und zu gleicher Zeit Gelassenheit im Temperament, im Charakter notwendig, und die freudige Hinneigung zu dem jugendlich Kindlichen, um ertragen zu können all dasjenige, was man erlebt unter dem wirklichen inspirierenden Einfluß des dualistischen Prinzipes.

Das nächste Bild (Abb. 79):

Hier haben Sie noch einmal in einer anderen Wiedergabe dasselbe.

Das nächste Bild (Abb. 80 und 81):

Hier sehen Sie dasjenige, was unsere Kulturperiode einmal ablösen wird. Es ist mehr gegen die Mittelpunktsgruppe, gegen den Menschheitsrepräsentanten mit Ahriman und Luzifer zu gestaltet. Man konnte dasjenige, was hier gezeigt werden sollte, nur dadurch ausbilden, daß, um etwa einen Initiaten, das heißt einen solchen Menschen, in den die geistigen Offenbarungen der künftigen 6. nachatlantischen Kulturperiode hereinkommen, jetzt schon im Vorspiel hereinkommen, daß man einen solchen Initiaten versuchte durch Farbe und Form zum Ausdrucke zu bringen. Dazu mußte man – nicht etwa einen heutigen Russen –, aber dasjenige, was in jedem heutigen Russen in einer gewissen Weise zu sehen ist, verbildlichen. Jeder solche Russe hat seinen eigenen Schatten immerfort im Grunde genommen zu seinem Begleiter. Er hat immer einen Zweiten, der ihn begleitet, und das ist hier zum Ausdrucke gebracht.

Nun müssen Sie sich vorstellen, daß da das Inspirierende gegenüber dem früher Inspirierenden geistiger ist. Daher diese engelartige Gestalt (Abb. 80), die aus dem Blau in seiner ganzen Form herauswächst da. Sie werden es auf dem nächsten Bilde deutlicher sehen, diese Art Kentaurgestalt, welche wesentlich zur inspirierenden Wesenheit notwendig ist. Sie sehen, diese Inspiration führt zu gleicher Zeit in das Sternenhafte hinaus. Man erkennt wiederum den Menschen in seinem Zusammenhang mit demjenigen, was im Weltenall außerirdisch ist. Aber das Inspirierende selbst ist nicht mehr zu fassen durch etwas Menschenähnliches. Man kommt zu Gestalten, wenn man versucht, es in der Form wiederzugeben, die nicht mehr menschenähnlich sind, die gewisse Formeigenschaften haben, die an Charakter und Temperamenteigenschaften des Menschen erinnern, aber die als solche nicht mehr menschenhaft sind.

Das nächste Bild (Abb. 80 bis 82):
Hier ist diese inspirierende Gestalt, die ein Wesen des Kosmos ist; allerdings in Verbindung mit dem doch sich nach dem Menschlichen Hinneigenden, aber ganz aus der Wolkenfarbe herausgeborenen engelartigen Wesen. Das sehen Sie hier als das eigentlich Inspirierende.

Das nächste Bild:
dasselbe Wesen; es ist nur mehr zu sehen; es sind die Initiaten darauf zu sehen. Natürlich liegt die ganze Wirkung hier in der Farbenkomposition, die natürlich hier vollständig fehlt.

Das nächste Bild (Abb. 83):
Nun, hier sehen Sie das oberste Glied der Mittelfigur. Die Mittelfigur zeigt den Menschheitsrepräsentanten, über ihm Luzifer. Es ist die Mittelfigur, malerisch aufgefaßt, unter der die Gruppe, die die Hauptgruppe sein soll, steht, hier malerisch aufgefaßt, wo es näher lag, das Luziferische und das Ahrimanische nur in *einer* Gestalt zu geben; während es plastisch der Schwere halber, der Raumverteilung halber immer doppelt gegeben worden ist. Zu verstehen ist diese Figur nur aus den Farben, aus dem Roten heraus, in dem sie hauptsächlich komponiert ist, mit einigen anderen Farbennuancen zusammen. Und gerade hier soll sich eben zeigen, wie der Mensch auf der Suche ist nach dem Gleichgewichtszustand zwischen dem Luziferischen und Ahrimanischen. Dieses Suchen nach dem Gleichgewichtszustand ist gewissermaßen beim Menschen sowohl physisch, physiologisch zu finden, wie auch seelisch und geistig.

Physiologisch genommen, physisch ist der Mensch nicht etwa jenes einfache Wachstumswesen, als das man ihn in einer trivialen Wissenschaft oftmals darstellen will. Der Mensch neigt gewissermaßen immer auf der einen Seite zur Verknöcherung, auf der anderen Seite zur Verweichlichung, Verschleimung. Dasjenige, was in ihm zur Verschleimung neigt, was entstehen würde, wenn das *Blut* die Überhand gewinnen würde, das ist vom Luziferischen kommend. Indem das Luziferische physiologisch im Menschen die Oberhand gewinnen würde, indem im Menschen physiologisch auftreten würden als eigentliche Gestaltungsprinzipien die fieberhaften Erscheinungen, würde das Luziferische vorwiegend. Dann würde aber auch die Menschengestalt sich immer mehr und mehr dieser Gestalt nähern (Abb. 84). Der Mensch hatte diese Gestalt während der alten Mondenzeit. Man kann auch sagen: Wenn dasjenige Prinzip, das vorzugsweise in Herz und Lunge das Wachstumsprinzip ist, *allein* den Menschen beherrschen würde, so würde der Mensch eine solche Gestalt erhalten. Nur dadurch, daß diesem Luziferischen entgegensteht der andere Pol, das Ahrimanische, dadurch ist auch physiologisch der Gleichgewichtszustand geschaffen zwischen dem, was das Blut bewirkt und dem, was das Verknöchern bewirkt. Das ist physiologisch, physisch gefaßt, körperlich.

Seelisch kann man sagen: Der Mensch ist fortwährend auf der Suche nach dem Gleichgewicht zwischen der Schwärmerei, der bodenlosen Mystik, welche das Luziferische ist, und dem Nüchternen, Materialistischen, Abstrakten, was das Ahrimanische ist. Geistig gesprochen: Der Mensch ist fortwährend auf der Suche, einen Ausgleich zu finden zwischen jenen Bewußtseinszuständen, die vorzugsweise vom Lichte durchsetzt sind, wo das Bewußtsein erweckt wird durch das Lichtartige, durch das Durchleuchtetsein des Seelischen, durch Luziferisches. Und der andere Pol ist derjenige, wo durch die Schwere, die Gravitation, das Elektrische, den Magnetismus, kurz desjenigen, was hinunterzieht, das Sicherfassen, das Bewußtwerden bewirkt wird: das ist das Ahrimanische. Der Mensch ist fortwährend der Sucher nach dem Gleichgewicht zwischen diesen zwei Zuständen, und man wird immer bemerken, daß alles das, was im Menschen bewußter werden kann, was den Menschen von der Mittelbahn wegbringen kann, immer neigt nach der einen Seite, nach der luziferischen oder nach der ahrimanischen. Das wäre insbesondere wichtig auch für das Studium des menschlichen physischen Organismus, wenn man absehen würde von dem ganz abstrakten Wachstumsprinzip, das nur eines sein soll, und Rücksicht nehmen würde, daß gleichsam ineinandergeschachtelt, ineinandergeschoben, einander polarisch entgegengesetzte Wachstumsimpulse im Menschen vorhanden sind. Der andere Wachstumsimpuls ist das Ahrimanische.

Das nächste Bild (Abb. 85):
Da ist das genau Entgegengesetzte. In jeder Form, in jeder Linie werden Sie das Gegenteil von Luzifer in diesem Ahriman sehen, der wie herauswächst aus den Felsenmassen, das heißt, aus den Schwereverhältnissen der Erde, der herauf will zum Menschen, so daß er, wenn er den Menschen mit seiner Schwere ganz erfaßte, diesen gleichsam in der Verknöcherung ertöten oder in der Ernüchterung, im Materialismus erdrücken würde. Das muß in diesem Ahriman-Wesen zum Ausdrucke kommen. Vom Lichte wird es wie ertötend getroffen. Daher die Lichtstrahlen, die ihn wie Stricke erfassen, so daß er durch sie gefesselt wird. Dazwischen dann der Mensch, der eigentliche Mensch.

Nächstes Bild (Abb. 83, 86 und 87):
Der eigentliche Mensch, der den Gleichgewichtszustand darstellt, unter ihm Ahriman, über ihm Luzifer.

Ich bemerke ausdrücklich: es ist auch hier wiederum nicht das Wesentliche, daß jemand von der abstrakten Christus-Vorstellung ausgeht. Das Wesentliche ist, daß man empfindet dasjenige, was in dieser Gestalt als solcher liegt. Dann wird man durch das Künstlerische in der Gestalt von selbst zu dem Christus hingeführt. Das heißt, man wird entdecken können, wenn man empfindet dasjenige, was in dieser Gestalt liegt, als die Mittelpunktswesenheit alles Erdenwerdens den Christus. Der Christus kann heute rein geistig entdeckt werden. Aber man muß den Menschen richtig verstehen und richtig empfinden.

Umgekehrt kann man sagen: Derjenige, der heute alles dasjenige versteht und empfindet, was der Mensch erleiden kann, woran der Mensch sich freuen kann, derjenige, der voll empfindet, wie der Mensch nach der einen und nach der anderen Seite abirren oder sich erheben kann, derjenige, der strebt nach einer wirklichen Selbsterkenntnis, er wird, wenn er nur weit genug geht auf der Empfindungs- und Erkenntnis- und Willensbahn, er wird den Christus entdecken. Und er wird dann den entdeckten Christus in den Evangelien, in allen historischen Überlieferungen wiederfinden können. Man kann heute wirkliche Menschenerkenntnis nicht erwerben, ohne daß man zur Christus-Erkenntnis vorschreitet.

Auch physiologisch, biologisch wird man, wenn man den Menschen in seiner physischen Gestaltung richtig versteht, zum Christus-Verständnis kommen. Es wird gerade die Aufgabe der 5. nachatlantischen Zeit sein, zu diesem Christus-Verständnis immer mehr und mehr zu kommen. Daher mußte nicht eine abstrakte Christus-Gestalt, nach deren bloßer Bedeutung man frägt, im Mittelpunkt unseres Baues stehen, sondern der Menschheitsrepräsentant, aus dem der Christus gewissermaßen in seiner Wesenheit herausscheint. Das ist dasjenige, was ich Sie immer bitten würde, bei diesen Dingen zu berücksichtigen: ja nicht von der Prosa, ja nicht von dem Symbolisierenden, von dem Abstrakten ausgehen, sondern ausgehen von dem, was das beseelte Auge wirklich schauen kann, ausgehen von dem, was da ist an der Wand, nicht ausgehen von dem, was man ausdenkt. Dasjenige, was den Gedanken erfüllen soll, muß von dem kommen, was an der Wand selbst ist.

Natürlich ist dasjenige, was an der Wand ist, nur unvollkommen geschaffen. Aber aller Anfang muß eben unvollkommen sein. Auch die Gotik, als sie zuerst aufgetreten ist, war unvollkommen. Es wird sich schon aus dem, was hier angestrebt ist, das Vollkommene ergeben. Dabei soll nicht gesagt werden, daß nicht angestrebt worden ist, den wirklichen Menschheitsrepräsentanten mit allen Mitteln okkulter Untersuchungskunst wirklich zu finden. Sehen Sie, diejenige Christus-Gestalt, die die traditionelle ist, die ist ja eigentlich erst im 6. nachchristlichen Jahrhundert entstanden. Ich bin für mich – ich stelle das nur als eine Tatsache auf, verlange von niemandem, daß er das als ein bloßes Glaubensdogma annimmt –, allein ich bin für mich ganz klar darüber, für mich ist es eine Tatsache, daß der in Palästina herumwandelnde Christus Jesus *dieses* Antlitz hatte, und namentlich dasjenige Antlitz, das Sie an der Holzfigur sehen können (Abb. 88 bis 91). Und es ist nur versucht, in der ausführenden Geste dasjenige wiederzugeben, was man *mehr* sieht, wenn man den Ätherleib in Betracht zieht, als wenn man den physischen Leib in Betracht zieht. Daher auch die starke Asymmetrie, die hier gewagt worden ist. Diese Asymmetrie ist ja bei jedem menschlichen Antlitz vorhanden, selbstverständlich nicht in dieser Stärke, allein das menschliche Antlitz ist ja so, namentlich wie es jetzt der Mensch trägt, in vieler Beziehung eine unwahre Maske. Wenn die Menschheit zu einer gewissen Vergeistigung aufsteigen wird im 6. und namentlich im 7. nachatlantischen Zeitalter, wo ja der physische Mensch gar nicht mehr auf der Erde wohnen wird, da wird der Mensch sein wahres Antlitz tragen, das heißt, dasjenige in seinem Antlitz ausdrücken, was er wirklich innerlich wert ist.

Aber alles das, möchte ich sagen, ist schon lastend gewesen auf der Pinsel- und Spachtelführung bei der malerischen und plastischen Darstellung desjenigen, was hier versucht worden ist in der Darstellung des Menschheitsrepräsentanten. So unvollkommen diese Dinge sind – wer sie studiert, wird finden, daß doch die Geheimnisse, die Mysterien der Menschheitsentwickelung in diese kleine Kuppel wirklich hineingemalt sind. Man wird allerdings finden, daß dasjenige, was zum Ausdrucke gebracht werden sollte, aus der Farbe heraus erlebt ist, und daß diese Bilder Ihnen nur andeuten konnten dasjenige, was Sie empfinden können, wenn Sie mit den Mitteilungen, die ich eben heute gemacht habe, aber nicht Symbolisierendes erwarten, nicht dasjenige, wozu man nach der „Bedeutung" fragen kann, erwarten, aber wenn Sie doch mit den Mitteilungen, die ich Ihnen heute gegeben habe, suchen zu erfühlen dasjenige, was in diese Kuppel hineingemalt worden ist.

Das nächste Bild (Abb. 8):

Nun möchte ich noch einmal Ihnen die andere Ansicht dieses Kesselhauses zeigen. Ich habe Ihnen gestern die Fassaden-Ansicht gezeigt;

dadurch sehen Sie, daß dieses Kesselhaus als ein Ganzes gedacht ist, so daß auch seine Profilansicht gewissermaßen im vollen Einklange steht mit dem Ganzen, wie ich das gestern durch den Vergleich mit der Nußschale dargelegt habe.

Nun, meine lieben Freunde, ich habe versucht, Ihnen heute dasjenige, was wir vorläufig an Bildern haben, zu geben. Ich möchte bemerken, daß aber bei diesem Bau wirklich versucht worden ist, den Baugedanken zu einem einheitlichen zu machen, soweit es eben gegangen ist. So zum Beispiel sehen Sie den Bau eingedeckt von norwegischem Schiefer. Als ich einmal bei einer Vortragsreise von Kristiania nach Bergen fuhr, sah ich an den Berghängen den wunderbaren Vossischen Schiefer in den dortigen Schieferbrüchen; und da kam mir der Gedanke: unser Bau muß mit diesem Schiefer bedeckt werden. Sie werden, wenn Sie gerade einen glücklichen Tag treffen und den guten Willen haben, die Sache anzusehen, finden, daß das eigentümliche Blau-grau-Glitzern der Kuppeldeckung dieses Schiefers in der Sonne doch einen Eindruck macht, der dem ganzen Bau in seiner Würde angemessen ist.

Das ist dasjenige, was ich zunächst an der Hand dieser Bilder über den Bau sagen kann. Ich wollte für unsere Freunde, die sich der Aufgabe unterziehen wollen, diesen Bau verständlich zu machen denjenigen auch, für die das „Goetheanum" in Dornach vielleicht nichts anderes ist als etwas, wovon sie einmal den Namen gehört haben, und der Ort selbst nur ein geographischer Begriff ist, für diejenigen Freunde, die denen, für die es so ist, begreiflich machen wollen, was für die Zukunft der Menschheitsentwickelung von diesem „Goetheanum" ausgehen soll, wollte ich Vorlagen geben. Es wird sich ja gar sehr darum handeln, daß man dieses sichtbare Wahrzeichen der anthroposophisch orientierten Geisteswissenschaft richtig zum Bewußtsein der Welt bringt, gewissermaßen zum Mittelpunkt der Betrachtungen und des Empfindens gegenüber der anthroposophisch orientierten Weltanschauung macht.

Wer so recht empfindet, an welchen Wendepunkt die Menschheitsentwickelung in der Gegenwart angekommen ist, der wird schon wirklich in sich finden den nötigen Impuls, dasjenige populär zu machen, was hier von Dornach aus gemeint ist. Es sehen heute freilich nicht viele Menschen, wie stark als zerstörende Kräfte die aus der Vergangenheit heraufkommenden menschlichen historischen Gestaltungskräfte wirken. Man hat in den letzten vier bis fünf Jahren das Zerstörende in Europa zwar über sich ergehen lassen, allein wirklich nachdenken und nachempfinden möchten die wenigsten Menschen dasjenige, was eigentlich geschehen ist. Diejenigen, die es nachempfinden, die werden dann fühlen, daß nichts für die Fortentwickelung der Menschheit zu gewinnen ist aus dem, was aus alten Zeiten hergebracht ist, daß tatsächlich die neue Offenbarung, die hereinwill seit dem letzten Drittel des 19. Jahrhunderts in unsere irdische Welt, von dieser irdischen Welt aufgenommen werden muß.

Man kann heute nicht sozial denken, ohne daß man in sich aufnimmt die Impulse, die uns kommen von dieser Erkenntnis, die eben charakterisiert worden ist. Man muß es immer wirklich recht schmerzlich empfinden, wenn man hört, daß es heute Menschen gibt, die sagen: Ach, uns war ja ganz recht diese anthroposophisch orientierte Geisteswissenschaft, solange sie Geisteswissenschaft gewesen ist, solange sie sich nicht mit äußeren Dingen befaßt hat, wie das zum Beispiel der Inhalt der „Kernpunkte der sozialen Frage" tut. – Es sind einzelne Menschen unter den früheren Anhängern der anthroposophisch orientierten Geisteswissenschaft aufgetreten, die sagen: Geisteswissenschaft war uns ganz recht allein; mit der *sozialen* Wendung können wir nicht mitgehen und wollen wir nicht mitgehen. – In einer solchen Gesinnung steckt eben das Sektiererische, das unsere Bewegung in Wahrheit niemals sein wollte, dieses Sektiererische, das doch nur nach einer gewissen geistigen Wollust hinstrebt. Ich möchte wissen, wie man eigentlich gegenüber dem, was in der Menschheitsentwickelung als Impulse liegt, so herzlos, so grausam herzlos sein kann, daß man sagt: Ja, ich möchte etwas, was meine Seele erwärmt, was mir die Unsterblichkeit sichert, aber ich lasse die Finger weg davon, wenn irgendeine praktisch-soziale Konsequenz dieses geistigen Strebens auftreten soll. – Meine lieben Freunde, ist es denn nicht herzlos, in einer Zeit wie diese ist, keine praktische Konsequenzen wollen desjenigen, was man geistig anstrebt? Ist es nicht die vertrackteste Mystik, gleichsam die Hände kreuzend sich zu sagen: Ja, für meine Seele will ich Geisteswissenschaft, aber diese Geisteswissenschaft darf keine sozialen Konsequenzen ziehen. – Es ist Herzlosigkeit. Denn wie schrecklich ist es, zu denken, daß einem diese Geisteswissenschaft das Wichtigste im Leben sein soll, und daß sie gar keinen Rat wissen soll in der gegenwärtig sozialen bedrängten Lage der Menschheit! Was wäre diese Geisteswissenschaft, wenn sie keinen Rat wissen sollte in dem, wonach die Menschheit der Gegenwart drängen muß! Soll sie ganz unfruchtbar sein, diese Geisteswissenschaft, für das Leben? Soll sie nur da sein, um seelische Wollust in den Menschen hineinzugießen? Nein, dadurch kann sie sich allein bewähren, daß sie wirklich praktische Konsequenzen aus sich ziehen kann. Und es heißt wahre Geisteswissenschaft nicht verstehen, wenn man nicht fortschreiten will zu den praktischen Konsequenzen. Geisteswissenschaft will nicht bloß spintisierendes Wissen sein, Geisteswissenschaft will wirkliches Leben sein. Darum ist es auch immer ein so großer Schmerz, daß sich doch nicht allzuviel Menschenseelen aufraffen können aus den Impulsen der Geisteswissenschaft heraus zu den großen Interessen der gegenwärtigen Menschheit.

Heute ist dasjenige, was den einzelnen angeht, eigentlich so furchtbar unbeträchtlich gegenüber dem, was durch die Menschheit braust und gärt; und kaum beschäftigt man sich mit irgend etwas Persönlichem, so müßte eigentlich der Gedanke sofort abgelenkt werden nach den großen Menschheitsinteressen. Aber bei wie vielen ist das doch vorhanden? Dann muß man denken, wie es heute schon notwendig wäre, gewisse esoterische Wahrheiten der Menschheit mitzuteilen, wie man das nicht kann, weil sich eben keine Vereinigung findet, in der nun wirklich die unpersönlichen, sachlichen Prinzipien sich Geltung verschaffen, die sich Geltung verschaffen müßten. Es steht vor der Türe die Notwendigkeit, gewisse Initiationswahrheiten der Menschheit mitzuteilen. Allein, man kann es nicht, wenn man es mit Menschen zu tun hat, die den ganzen lieben Tag immer wieder und wiederum mit ihren persönlichen Interessen als mit dem Allerwichtigsten beschäftigt sind. Das ist dasjenige, was so unendlich notwendig ist: den Blick hinzuwenden auf die großen Menschheitsinteressen. Wer ihn hinwendet, wird mancherlei in der Gegenwart sehen.

Ich mußte immer wieder und wieder auf den Anfang jenes Kampfsturmes aufmerksam machen, der sich mit allerlei Verleumdungen und Lügen erheben wird gegen dasjenige, was anthroposophisch orientierte Geisteswissenschaft will. Die Menschen wollen das nicht glauben. Aber wahr ist es: Geisteswissenschaft wird nicht bekämpft werden besonders wegen ihrer Fehler; die würde man ihr verzeihen. Geisteswissenschaft wird bekämpft werden gerade wenn es ihr gelingt, etwas Gutes zu tun. Und das Schwerste, der ruchloseste Kampf, der wird sich richten gegen dasjenige, was Geisteswissenschaft Gutes tun kann. Meine lieben Freunde! Jeder hat sich selbst recht sehr zu prüfen – indem er immer wieder und wiederum mit der rechten inneren Kraft hinblickt auf dasjenige, was beurteilt werden soll an ruchloser Gegnerschaft gegenüber der Geisteswissenschaft –, ob er vielleicht nicht selbst zu viel in sich trägt von dem, was ähnlich ist dem, was bekämpfen will nicht die Fehler, sondern gerade die guten Seiten der Geisteswissenschaft. Viel von dieser Art wäre heute zu bedenken. Auf solches muß immer wieder und wiederum hingewiesen werden. Und es muß dann doch die Zeit kommen, in der es möglich sein wird, erstens nicht mit der Mitteilung gewisser esoterischer Wahrheiten an verschlossene Türen zu klopfen, weil die Menschen nur mit ihren persönlichen Interessen beschäftigt sind, und in der es auch möglich sein wird, die wichtigsten Dinge, wenn sie ausgesprochen werden, auch wirklich bis zum Herzen der Menschen zu bringen. Man kann heute im Grunde genommen die allerbedeutsamsten Dinge aussprechen – die Menschen nehmen sie nur nach der abstrakten Erkenntnisseite; daher dringen sie nicht erschütternd in ihr Herz ein, während Alltägliches, Untergeordnetes, vielleicht auch relativ Großes, leicht bis zu den Herzen der Menschen vordringt.

Das müssen wir vor allen Dingen anstreben, daß uns das, was aus dem Geiste geholt ist, wirklich bis zum Herzen, bis zur Seele dringen kann, daß es nicht bloß in unserem Verstande bleibt. Vieles von dem

Wichtigsten, das heute ausgesprochen wird, das sich schon findet unter dem Inhalte anthroposophisch orientierter Geisteswissenschaft, es trägt seine Früchte nur deshalb nicht, weil die Menschen es bloß bis zu ihrem Verstande kommen lassen. Und dann sagen sie vielleicht gar: Ja, das ist etwas, das nur von dem Verstande erfaßt werden soll. – Aber es liegt an den Menschen selber, daß sie es nur im Verstande lassen, daß sie es nur als eine Kopfweisheit hinnehmen, daß sie es nicht bis zum Herzen kommen lassen. Das ist doch etwas, was ich als eine Betrachtung an diese Vorführung des Baues anknüpfen wollte.

HINWEISE

Zu Seite:

9 *.. diese Vorträge, die jetzt gehalten werden:* siehe Rudolf Steiner „Geistige und soziale Wandlungen in der Menschheitsentwickelung", achtzehn Vorträge vom 9. Januar bis 22. Februar 1920. Bibl.-Nr. 196, Gesamtausgabe Dornach 1966.

11 *Ich habe schon vor einiger Zeit hier darauf hingedeutet:* im Dezember 1918 in den Vorträgen „Wie kann die Menschheit den Christus wiederfinden? " Bibl.-Nr. 187, Gesamtausgabe Dornach 1968.

21 *.. diese Grundrißform parallelisiert mit der menschlichen Gestalt:* Vgl. dazu Rudolf Steiner, „Wege zu einem neuen Baustil", dritter Vortrag: Der neue baukünstlerische Gedanke (Dornach, 28. Juni 1914). Verlag Freies Geistesleben, Stuttgart 1957.

34 *Meister Eckart:* um 1260 bis etwa 1328.

41 *Ich habe Ihnen vor acht Tagen eine Probe gegeben:* Vgl. Hinweis zu Seite 9, Vortrag vom 9. Januar 1920 betr. Karl Kautsky.

45 *.. in meinem Mysterium:* Rudolf Steiner „Die Pforte der Einweihung", ein Rosenkreuzermysterium, achtes Bild. In „Vier Mysteriendramen", Bibl.-Nr. 14, Gesamtausgabe Dornach 1962.

RUDOLF STEINER GESAMTAUSGABE

A. SCHRIFTEN

I. *Werke*

Einleitungen zu den Naturwissenschaftlichen Schriften Goethes (1883/97)

Grundlinien einer Erkenntnistheorie der Goetheschen Weltanschauung (1886)

Wahrheit und Wissenschaft (1892)

Die Philosophie der Freiheit (1894)

Friedrich Nietzsche, ein Kämpfer gegen seine Zeit (1895)

Goethes Weltanschauung (1897)

Die Mystik im Aufgange des neuzeitlichen Geisteslebens und ihr Verhältnis zur modernen Weltanschauung (1901)

Das Christentum als mystische Tatsache und die Mysterien des Altertums (1902)

Theosophie. Einführung in übersinnliche Welterkenntnis und Menschenbestimmung (1904)

Wie erlangt man Erkenntnisse der höheren Welten? (1904/05)

Aus der Akasha-Chronik (1904/08)

Die Stufen der höheren Erkenntnis (1905/08)

Die Geheimwissenschaft im Umriß (1910)

Vier Mysteriendramen (1910/13)

Die geistige Führung des Menschen und der Menschheit (1911)

Anthroposophischer Seelenkalender (1912)

Ein Weg zur Selbsterkenntnis des Menschen (1912)

Die Schwelle der geistigen Welt (1913)

Die Rätsel der Philosophie in ihrer Geschichte als Umriß dargestellt (1914); erweiterte Neuausgabe des Werkes: «Welt- und Lebensanschauungen im neunzehnten Jahrhundert» (1900/01)

Vom Menschenrätsel (1916)

Von Seelenrätseln (1917)

Goethes Geistesart in ihrer Offenbarung durch seinen «Faust» und durch das Märchen von der «Schlange und der Lilie» (1918)

Die Kernpunkte der sozialen Frage in den Lebensnotwendigkeiten der Gegenwart und Zukunft (1919)

Aufsätze über die Dreigliederung des sozialen Organismus und zur Zeitlage (1915–1921)

Kosmologie, Religion und Philosophie (1922)

Anthroposophische Leitsätze (1924/25)

Grundlegendes für eine Erweiterung der Heilkunst nach geisteswissenschaftlichen Erkenntnissen (1925). Von Dr. Rudolf Steiner und Dr. Ita Wegman

Mein Lebensgang (1923/25)

II. *Gesammelte Aufsätze*

Aufsätze aus den Jahren 1882–1902

Aufsätze aus den Jahren 1903–1908

Aufsätze aus den Jahren 1911–1925

III. *Veröffentlichungen aus dem Nachlaß*

Wahrspruchworte, Fragmente, Entwürfe, Briefe und Aufzeichnungen

B. VORTRÄGE

I. *Öffentliche Vorträge*

II. *Vorträge vor Mitgliedern der Anthroposophischen Gesellschaft*

Vortragszyklen und Vorträge allgemein-anthroposophischen Inhalts

Vorträge zur Geschichte der anthroposophischen Bewegung und der Anthroposophischen Gesellschaft

III. *Vorträge und Kurse zu einzelnen Lebensgebieten*

Vorträge über Kunst: Eurythmie, Sprachgestaltung, Musik, bildende Künste und Kunstgeschichte

Vorträge über Erziehung

Vorträge über Medizin

Vorträge über Naturwissenschaft

Vorträge über das soziale Leben und über die Dreigliederung des sozialen Organismus

Vorträge für die Arbeiter am Goetheanumbau

Das Vortragswerk umfaßt annähernd 6000 Vorträge, von denen zum größten Teil Nachschriften vorliegen

C. REPRODUKTIONEN UND VERÖFFENTLICHUNGEN AUS DEM KÜNSTLERISCHEN NACHLASS

Die Bände sind nicht numeriert, jedoch in den einzelnen Gruppen einheitlich ausgestattet. Sie sind einzeln erhältlich

---

Rudolf Steiner · Das literarische und künstlerische Werk
Eine bibliographische Übersicht 1961/1966